dress
for wedding

上質なリネンで作る

ウェディングドレス＆ゲストドレス

香田あおい

文化出版局

wedding dress ウェディングドレス

シンプルなワンピースは
オーバースカートをプラスしてデザイン展開します。
デコルテをきれいに見せてくれるツーピースは、
袖パターンで変化を。
pattern I、pattern II で、8 スタイルに展開しています。

wedding

上質なリネンで作る

ウェディングドレス&ゲストドレス

dress

香田あおい

文化出版局

pattern I
one-piece dress

基本のワンピース＋ベールa

スレンダーなシルエット。
クラシカルなリボンがついたベルトだけがアクセントのシンプルなワンピースが基本。
上質リネンならではの抑えられた光沢が美しい、晴れのドレス。→p.48

one-piece
dress +
overskirt

pattern 1

基本のワンピース＋大きなボーのオーバースカート

重ねるだけで、大きくイメージを変えられるオーバースカート。
お色直しドレスにもぴったりな華やかさ。→p.54

7

pattern

one-pece
dress +
overskirt + veil

基本のワンピース＋レースをつけたオーバースカート＋ベールb

優美な紗のような透明感のあるリネンでオーバースカート。
レースがスイングするよう贅沢にあしらって。 →p.56

9

pattern I

embroidery lace
one piece
dress

基本のワンピースのスカートをスカラップレースに

リネンのスカラップレースは、ナチュラルで清楚。
たっぷり使って、ふんわりスカートが広がるワンピースに。
2つの素材の微妙な色調の違いは、切替えに飾ったパールで調和させます。→p.58

ベールb/
スカラップレースで縁とられたマリアベール

聖母マリアのベールから名づけられたという、
神聖な雰囲気のあるベール。 →p.61

scalloped veil

veil of motif decoration

ベールa/鳩のモチーフ飾りのベール

ベールダウンした花嫁の美しさが、
セレモニーを盛り上げます。
鳩のモチーフ、幸せの象徴を縫いとめて。 →p.60

ベールc/花飾りと共にまとうショートベール

ドライフラワーやブリザーブドフラワーを用意すれば、
いつまでも思い出として残せます。 →p.62

ベールd/程よくトレーンを引く優美なロングベール

これくらいシンプルなロングベールなら、
リネンのドレスにもぴったりです。→p.63

long veil

pattern

one-piece
dress +
peplum

基本のワンピース+ペプラム

ワンピースと同じリネンで作られたペプラム。
優美なフレアが、凛とした雰囲気をつくっています。
晴れの日の主役は、バックスタイルも美しく。→p.64

14

丁寧に作られたおしゃれな焼き菓子のある、
温かなお茶のおもてなし。
リネンのドレスの花嫁がいるウェディング空間を想像しました。
"something blue"幸せになるという、ヨーロッパの言い伝えを参考に、
テーブルリネンにブルーを使ったセッティングで。

pattern II

タイトスリーブのトップス+2重のスカート

着る人を華奢に見せてくれる
デコルテから背中へのラインが秀逸な美しさの
タイトスリーブのトップスと、贅沢な2重のスカートが基本パターン。
背中に並んだくるみボタンがエレガントです。→p.65

pattern II

two-piece dress

フレンチスリーブのトップス＋2重のスカート

サークルが織りだされた、
アイボリーホワイトのリネンで
基本の袖を短くしてフレンチスリーブに。
後ろオープンファスナーあきのシンプルなデザイン。→p.72

ring pillow

チュールレースのリングピロー

ふわふわのクッションに、
ベールを飾ったレースを縫いつけて。
花嫁の装いとおそろいのリングピロー、
大切なリングへの思いが詰まっています。→p.87

pattern ll

two-piece
dress + veil

バルーンスリーブのトップス＋
トレーンを引くスカート＋ベールc

上品に広がったバルーンスリーブは、
立体的なシルエットをつくる仕立ての工夫があります。
基本パターンの後ろ裾にまちを入れたトレーンを引くスカートと。

→トップスはp.74、スカートはp.76

22

白いドレスは花嫁のものですが、

もう一人白を着ることを許されているのは、

式で大切な役割を果たしてくれるフラワーガール。

flower girl
背中でボー結びをするワンピース

pattern1 のワンピースと同じ作り方で仕立てます。
こちらは薄手リネン、ハイウエスト切替えで、
ギャザーのオーバースカート。大きくあいた背中にボーを結んで。→p.78

guest dress

ペーズリープリントのワンピース

たっぷりギャザーを寄せた身頃と袖、エレガントなフレアスカート。
すっきり見えるのは、
ウエストできちんとフィットさせているから。→p.80

guest dress

リトルブラックドレス+ボレロ

リネンのブラックドレスは、優しい表情。ペーズリーのワンピースと共通のパターンで、
ティアードスカートが優雅なフルレングスのドレスに。
衿もとに通したひもを絞って、フリルカラーのように見せたボレロです。
→ドレスはp.84、ボレロはp.82

リネンのウェディングドレス

リネンは麻から作られる繊維の中で最高峰の位置を占めている。
純朴で美しい光沢、それでいて強い張り感に加え、
柔らかなシワが特徴の繊維である。

そんなリネンでウェディングドレスを作ったら……
それはそれは美しいに違いない。

頭の中がワクワクでとまらなくなってきた。
クラシックなデザインで、
リネンでしか表わせない素材の美しさ、
張りを生かしたシルエットの凛としたドレスに。

もう一つ、リネンのよさを生かせることがある。
セレモニーが終わったら幸せの余韻と共に、
ハウスリネンにリメイクしてみる。
ピローケース、クッションカバー、タオルに、と。

数年して家族が増えたその時には、
何度も水をくぐりクタクタになって、
赤ちゃんの肌にちょうどいい柔らかさで産着に。

家族の命が紡がれていくなかで、
リネンが暮らしに寄り添う。

Happy wedding dress

香田あおい

how to
make

・各作品のパターンは、付録の実物大パターンを別紙に写して、また
　は作り方ページの囲み製図で作ります。
　実物大パターンは、右ページのサイズ表に合わせてサイズを選びます。
　また作り方ページに表記のある出来上り寸法も参考にしてください。

・付録の実物大パターン、囲み製図には縫い代が含まれていません。
　裁合せ図に示した寸法の縫い代をつけて裁断してください。

・作り方ページの裁合せ図は9号サイズを基本に描いています。サイズ
　によってはパターンの配置が変わることもありますので、大きいサイ
　ズの場合は、材料に表示されている使用量でパターンの配置を確か
　めてから裁断してください。

・材料から糸は省いています。それぞれ布地に合わせた糸を用意して
　ください。一般的にやや薄手〜普通地にはポリエステルミシン糸60
　番、薄手の布地はポリエステルミシン糸90番がいいでしょう。

採寸＆パターンのサイズの選び方

身体に合ったきれいなドレスを作るためには、
サイズの合ったパターンを選ぶこと、そのためには
正しい採寸をして、各部の寸法を把握しておくことが大切です。

採寸

採寸するときは、できればウェディングドレスを着るときに身につける下着を着用するとよいでしょう。最近では以前のように身体を理想の形に整えるということはしないので、オールインワンのようなものは必要ありません。またナチュラルドレスなので、コルセットで身体を締めつける必要もありません。

デコルテを美しく見せるために、衿ぐりをあけたデザインにしています。そのため下着もストラップが見ないように、ストラップレスかビスチェタイプを選んでください。

スカート丈はヒールの高さで変わります。当日履く予定の靴を履いて採寸してください。

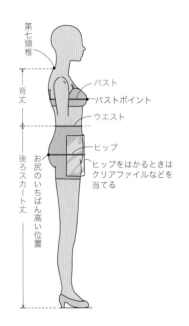

第七頸椎
背丈
バスト
バストポイント
ウエスト
ヒップ
お尻のいちばん高い位置
後ろスカート丈
ヒップをはかるときはクリアファイルなどを当てる

バスト / バストポイント（乳房のいちばん高いところ）を通る位置を、水平にはかる。後ろが下がらないように気をつけて。

ウエスト / 胴のいちばん細いところに細いひもを巻いて、おさまりのよい位置を水平に1周はかる。

ヒップ / お尻のいちばん高い位置を水平に1周はかる。このとき、腹部の出ているところに合わせてクリアファイルなどを図のように当て、おなかの出ている分も含めてはかる。

背丈 / 首の後ろの第七頸椎（首を前に倒すと出っ張る骨）からウエストまでをはかる。

後ろスカート丈 / 後ろのウエストから床までの寸法をはかる。

実物大パターンのサイズの選び方

付録の実物大パターンは7・9・11・13号の4サイズ。
採寸した寸法を、サイズ表の寸法に当てはめて、
実物大パターンのサイズを決めます。

pattern I

・ワンピースタイプなのでバスト寸法に合わせてサイズを決める。
・バスト寸法がサイズ表の中間の人は、
　大きいほうのサイズを選ぶ。
・バスト寸法で選ぶとウエスト寸法が合わない場合は、
　パターンのウエストを訂正する。→訂正のしかたはp.40
・スカートはフレアタイプでヒップにゆとりが多いため、
　ヒップ寸法は気にしなくて大丈夫。

pattern II

・ツーピースタイプなので、トップスはバスト寸法に、
　スカートはヒップ寸法に合わせてそれぞれサイズを決める。
・トップス、スカートとも寸法がサイズ表の中間の人は
　大きいほうのサイズを選ぶ。
・トップスはバスト寸法に合わせれば、
　ウエスト寸法は気にしなくて大丈夫。
・スカートはヒップ寸法で選ぶとウエスト寸法が合わない場合は、
　パターンのウエストを訂正する。→訂正のしかたはp.41

参考寸法表

サイズ	7号	9号	11号	13号
バスト	80	84	88	92
ウエスト	60	64	68	72
ヒップ	86	90	94	98
背丈	38	38	39	39
後ろスカート丈	100	100	100	100

＊身長は158〜164cm　　　　　　　　（単位cm）

縫始めは仮縫い（トワル）から

ウェディングドレスをきれいに仕上げるためには、必ずトワルで仮縫いをします。トワル（Toil:仏語）とは、洋服を仕立てるときにデザインやサイズを確認するために、生成りや白のシーチング（平織りの木綿地）などで試しに縫い合わせたもののこと。本番の生地は高価のこともありますし、大切に扱いたいので、仮縫いは必ずトワルでチェックします。

トワルの縫合せ方、補正のしかたは後述します。
ここではトワルの写真でチェックポイントを紹介します。
写真は補正の済んだ理想的な状態です。このような状態を目指してチェックしてください。
トワルを着用するときは下着を整え（p.35参照）、靴も当日のものを使用します。

pattern 1

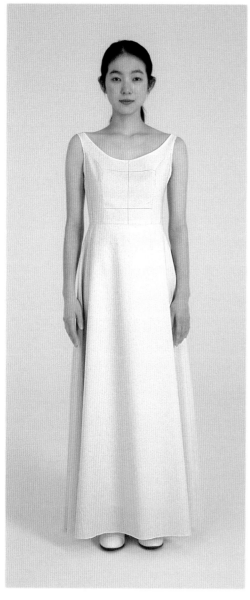

◀ 全体のシルエットを見る。

◀ スカート丈のチェック。
　必ずドレスに合わせた靴を履き、
　前から見たとき、靴先が少し見えるぐらいがベスト。

◀ 裾のトレーンが後ろに向かってきれいに流れているかを見る。

◀ バスト位置のチェック。
　身体のバストポイントとドレスのバストポイントが
　同じ高さになっているかを見る。→補正のしかたはp.44

◀ アームホールのチェック。
　脇位置で袖ぐりが窮屈またはあきすぎていないかを見る。
　→補正のしかたはp.44

◀ ウエスト位置のチェック。
　ドレスの身頃のいちばん細い箇所（パターンの合い印位置）が
　身体のウエスト位置より少し上（ハイウエスト）になっていると美しいので、
　その位置のバランスを見る。→補正のしかたはp.45

◀ 前衿ぐりのチェック。
　前衿ぐりが浮いて余っていないかどうか、身体の胸もとにそって
　落ち着いているかどうかを見る。→補正のしかたはp.45

◀ 後ろ衿ぐりのチェック。
　後ろ衿ぐりが浮いて余っていないかどうか、背中にそって
　きれいに落ち着いているかを見る。→補正のしかたはp.45

pattern II

◄ 全体のシルエットを見る。

◄ スカート丈のチェック。
　必ずドレスに合わせた靴を履き、
　前から見たとき、靴先が少し見えるぐらいがベスト。

◄ 全体のシルエットを見る。

◄ 袖幅をチェック。
　袖がきつくてつれていないか、またはゆるすぎてたるんで
　いないかを見る。→補正のしかたはp.46

◀ 肩先のチェック。
　衿ぐりの肩先が余っていないかまたは
　きつくないかを見る。→補正のしかたはp.46

◀ 前衿ぐりのチェック。
　前衿ぐりが大きすぎて浮いていないか、または
　小さくてきつくないかを見る。→補正のしかたはp.47

◀ 後ろ衿ぐりのチェック。
　後ろ衿ぐりが背中にそってきれいにおさまっているかどうか。
　大きすぎて浮いていないか、または小さくてきつくないかを見る。→補正のしかたはp.47

pattern I

バスト寸法に合わせてサイズを選び、ウエスト寸法がサイズ表の寸法と合わない場合は、パターンのウエストを大きくまたは小さくする。

ウエスト寸法の直し方

調節したい寸法÷4＝◎

前身頃

前脇身頃のパターンの中間で調節をする。図のように調節したい寸法（サイズ表の寸法と採寸寸法の差）の¼（2cmなら0.5cm）を、大きくしたいときは切り開き、小さくしたいときはたたむ。この寸法は1cm（全体で4cm）が限度。

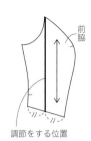

調節をする位置

〈大きくする場合〉

◎開く　つながりのよい線に

〈小さくする場合〉

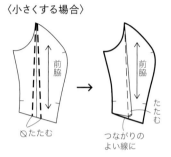

◎たたむ　つながりのよい線に

後ろ身頃

後ろ身頃はダーツから脇までの中間で調節する。図のように調節したい寸法の¼を、大きくしたいときは切り開き、小さくしたいときはたたむ。この寸法は1cm（全体で4cm）が限度。

調節をする位置

〈大きくする場合〉

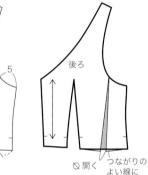

◎開く　つながりのよい線に

〈小さくする場合〉

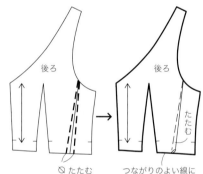

◎たたむ　つながりのよい線に

スカート

前スカート、後ろスカートとも、前後中心線を移動する。前後とも身頃と同じ寸法を、大きくしたいときは外側に移動して寸法を追加し、小さくしたいときは内側に平行に移動して寸法をカットする。

〈大きくする場合〉

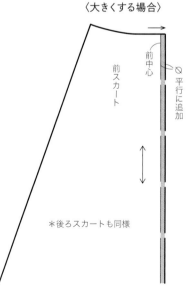

前スカート／前中心／◎平行に追加

＊後ろスカートも同様

〈小さくする場合〉

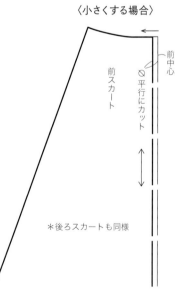

前スカート／前中心／◎平行にカット

＊後ろスカートも同様

pattern II

トップスはバスト寸法に合わせて選んだパターンをそのまま使う。

スカートはヒップ寸法に合わせてサイズを選び、ウエスト寸法がサイズ表の寸法と合わない場合は、パターンのウエストを大きくまたは小さくする。

スカートのウエスト寸法の直し方

1. 調節したい寸法が4cmまでの場合

前スカート、後ろスカートともダーツ位置で調節をする。
それぞれ調節したい寸法（サイズ表の寸法と採寸寸法の差）の¼（4cmなら1cm）の寸法を図のようにダーツ線を移動して、ダーツ分量を減らすかまたは増やす。

前、後ろのウエスト見返しも、スカートのウエスト寸法に合わせて同分量を、脇で増減する。

2. 調節したい寸法が4cm以上の場合

前、後ろスカートのウエストは、まず4cmを1の方法で、ダーツ位置で調節をする。次に残りの寸法の¼（図中の▲）を、ウエストの脇で追加またはカットする。脇線はヒップライン（HL）の位置で元の線につながるように、自然な線に描き直す。脇での増減は1cmが限度。

前、後ろのウエスト見返しも、スカートのウエスト寸法に合わせて同分量を、脇で増減する。

調節したい寸法÷4=◎

〈大きくする場合〉

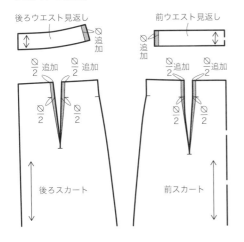

（調節したい寸法ー4）÷4=▲

〈大きくする場合〉

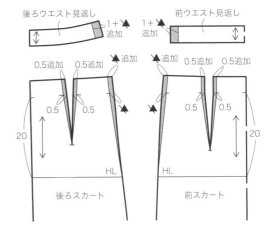

〈小さくする場合〉

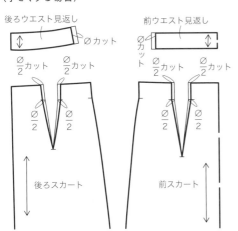

〈小さくする場合〉

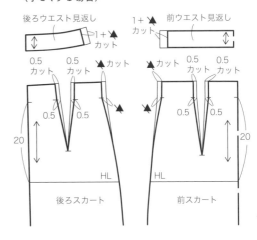

トワルに使うシーチングは、厚地で張りのあるものを選びます。
トワルはほどいて補正することを前提にしているので、
各パーツの縫い代を多めにつけて裁ちます。
縫うときはほどきやすいようにミシン目を粗くして（4mm程度）、
縫始めと縫終りの返し縫いは1回だけにします。

pattern I

・使用するパターンはp.48を参照。
・トワルの使用量 / 110cm幅3m40cm

縫い方順序

1 後ろ身頃のダーツを縫う。縫い代は後ろ中心側に倒す。

2 前のパネルラインを縫う。縫い代は切込みを入れて割る。

3 肩を縫い、縫い代を割る。

4 衿ぐり、袖ぐりの縫い代に切込みを入れ、縫い代をアイロンで裏面に折る。

5 身頃の脇を縫う。縫い代は切込みを入れて割る。

6 スカートの後ろ中心のあき止りから下を縫う。次に左後ろスカートのあき止りの縫い代に切込みを入れ、あき止りから下の縫い代を割る。

7 スカートの脇を縫い、縫い代を割る。

8 身頃とスカートのウエストを縫い合わせる。縫い代は身頃側に倒す。

9 後ろあきの右身頃の縫い代を、アイロンで裏面に折る。

縫い代のつけ方

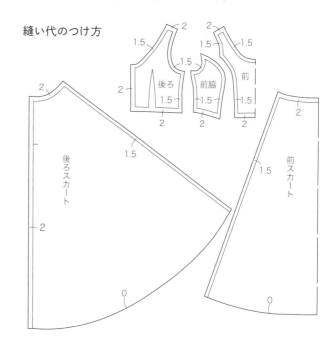

縫い方順序

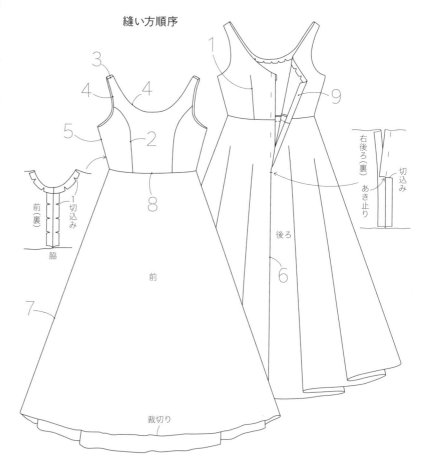

pattern II

- 使用するパターンはp.65を参照。
- トワルの使用量 / 110㎝幅2m80㎝

トップスの縫い方順序

1 前のパネルラインを縫う。縫い代は切込みを入れて割る。

2 後ろの切替え線を縫う。縫い代は切込みを入れて割る。

3 脇を縫う。縫い代は切込みを入れて割る。

4 裾の縫い代を裏面に折る。

5 右後ろ中心の縫い代を裏面に折る。

6 袖のダーツを縫い、縫い代を前側に倒す。

7 袖下を縫い、縫い代を割る。

8 袖口の縫い代を裏面に折る。

9 袖をつける。縫い代は切込みを入れて袖側に倒す。

10 衿ぐりの縫い代に切込みを入れて裏面に折る。

スカートの縫い方順序

1 前、後ろのダーツを縫う。縫い代は中心側に倒す。

2 後ろ中心のあき止りから下を縫う。次にあき止りの
　左後ろスカートの縫い代に切込みを入れ、あき止
　りから下の縫い代を割る。あき止りから上の右後ろ
　スカートの縫い代は、出来上りに折っておく。

3 脇を縫い、縫い代を割る。

4 ウエストの縫い代を裏面に折る。

縫い代のつけ方

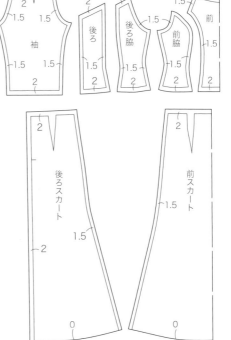

縫い方順序

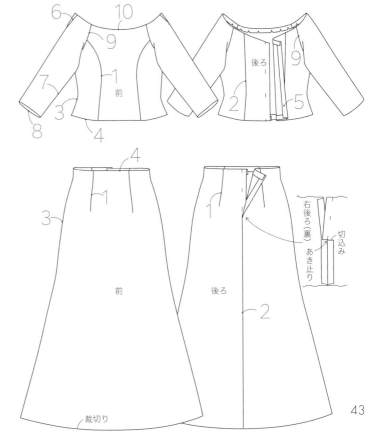

43

トワルでチェックした補正箇所のパターンの直し方です。
パターンの線を訂正した箇所は、縫い合わせる位置のパターンを
突き合わせて線のつながりを確認し、きれいな線に修正します。

pattern 1

バスト位置のチェック (photo p.36)

・身体のバストポイントとドレスのバストポイントが同じ高さにあるかを見る。

・補正は肩縫い目です。

・ドレスのバストポイントの位置が下がっている場合は、前後とも肩で同分量をカットする。

・ドレスのバストポイントの位置が上がっている場合は、前後とも肩で同分量を追加する。

・カットする寸法、追加する寸法はどちらも1.5cmが限度。

・パターンを訂正したら、前後の肩線を突き合わせて衿ぐり線、袖ぐり線をつながりのよい線に描き直す。

〈ドレスのバストポイントが下がっている場合〉　〈ドレスのバストポイントが上がっている場合〉　〈線のつながりの修正〉

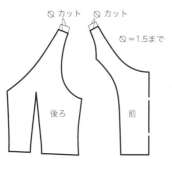
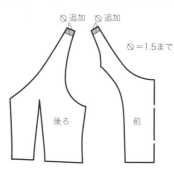

アームホールのチェック (photo p.37)

・腕を上げ、脇で袖ぐりがちょうどよい位置におさまっているかを見る。

・補正は袖ぐり下です。袖ぐりが窮屈な場合は、前後とも身頃の脇を下げて袖ぐり線を描き直す。

・袖ぐりがあきすぎている場合は、前後とも身頃の脇を上げて、袖ぐり線を描き直す。

・脇を下げる寸法、上げる寸法はどちらの場合も1.5cmが限度。

・パターンを訂正したら、前後の脇線を突き合わせて袖ぐり線をつながりのよい線に描き直す。

〈袖ぐりが窮屈な場合〉　　　　〈袖ぐりがあきすぎている場合〉　　　〈線のつながりの修正〉

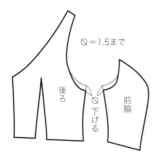

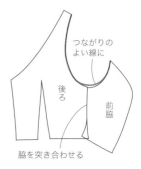

ウエスト位置のチェック (photo p.37)

・ドレスの身頃のいちばん細くなっている箇所（パターンの合い印位置）を見る。その位置が身体のウエスト位置より少し上にあるのがベスト。
・採寸した背丈とサイズ表の背丈が2cm以上違う場合は特に気をつけてチェックする。
・パターンのハイウエストの合い印位置で補正をする。
・ハイウエスト位置を下げたい場合は、合い印位置でパターンを切り開く。
・ハイウエスト位置を上げたい場合は、合い印位置でパターンをたたむ。
・切り開く寸法、たたむ寸法はどちらの場合でも2cmが限度。
・図は前脇身頃で説明しているが、前身頃、後ろ身頃も同寸法を同じ要領でパターンの操作をする。

〈操作する位置〉　　　〈下げたい場合〉　　　〈上げたい場合〉

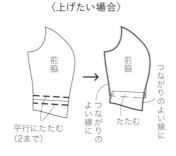

＊後ろ身頃、前身頃も同様に操作する

前衿ぐりのチェック (photo p.37)

・前衿ぐりが身体の胸もとにそってきれいにおさまっているかを見る。
・前衿ぐりが浮いている場合は、前身頃の図の位置で、衿ぐりの浮いて余っている分量をたたむ。
・たたむ寸法は0.8cmが限度。
・たたんだ位置は線が角ばらないように、つながりのよいきれいな線に描き直す。

〈前衿ぐりが浮いている場合〉

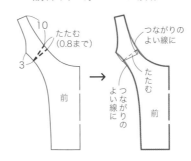

後ろ衿ぐりのチェック (photo p.37)

・後ろ衿ぐりが背中にそってきれいにおさまっているかを見る。
・後ろ衿ぐりが浮いている場合は、後ろ身頃の図の位置で浮いて余っている分量をたたむ。
・たたむ分量は0.8cmが限度。
・たたんだ位置は線が角ばらないように、つながりのよいきれいな線に描き直す。

〈後ろ衿ぐりが浮いている場合〉

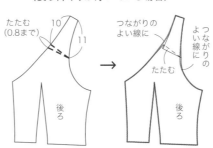

45

pattern II

袖幅のチェック (photo p.38)

・袖幅がきつくてつれていないか、またはゆるすぎてぶかぶかしていないかを見る。

・補正は袖の中央でする。

・袖幅がきつい場合は、袖の中央で不足分を切り開き、ダーツの線を図のように描き直す。

・袖幅がゆるい場合は、袖の中央で余分をたたむ。そうするとダーツがなくなってしまうので、
　図のようにダーツ線を描き直す。

・きつい場合、ゆるい場合とも操作する寸法は2cmが限度。

〈操作する位置〉　　　〈袖幅がきつい場合〉　　　〈袖幅がゆるい場合〉

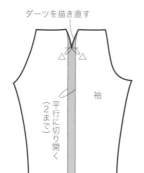

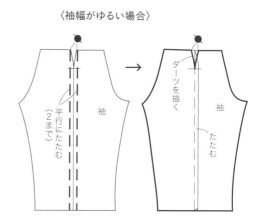

肩先のチェック (photo p.39)

・衿ぐりの肩先のダーツ位置が余って浮いていないか、またはきつくないかを見る。

・袖山のダーツで補正をする。

・肩先が浮く場合は余っている分をダーツに入れるために、ダーツ位置の前側と後ろ側で同量をカットして
　ダーツ分量を増やす。増やす分量は2cm（前後で各1cm）が限度。

・ダーツ分量を増やしたときは、ダーツの長さも1cm程度長くする。

・肩先がきつい場合は、ダーツ位置の前側と後ろ側で同分量を追加してダーツ分量を減らし、
　肩先にゆとりを加える。この分量は1cm（前後で各0.5cm）が限度。

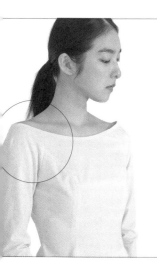

〈肩先が浮く場合〉　　　　　〈肩先がきつい場合〉

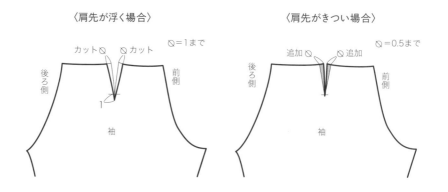

前衿ぐりのチェック (photo p.39)

・前の衿ぐりが大きすぎて浮いていないか、小さくてきつくないかを見る。

・前身頃の衿ぐり、袖の衿ぐり前側で補正する。

・前衿ぐりが大きすぎる場合は、浮いている分を図のように前身頃の衿ぐりでカットする (①)。
　この寸法は1cmが限度。カット寸法が1cmでおさまらない場合は、さらに袖の衿ぐり前側で
　1cmを限度にカットする (②)。

・前衿ぐりが小さい場合は、足りない分を前身頃の衿ぐりで追加する (①)。
　この寸法は1cmが限度。1cm以上追加したい場合は、さらに袖の衿ぐり前側で1cmを限度に追加する (②)。

・線を訂正したら、訂正した前身頃と袖の線を突き合わせて、衿ぐり線をつながりのよい線に描き直す。

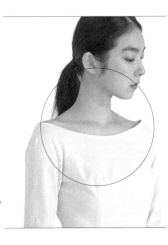

〈前衿ぐりが大きい場合〉

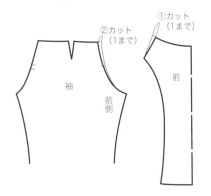

〈前衿ぐりが小さい場合〉

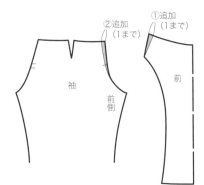

〈線のつながりの修正〉

後ろ衿ぐりのチェック (photo p.39)

・後ろの衿ぐりが大きすぎて浮いていないか、小さくてきつくないかを見る。

・後ろ脇身頃の衿ぐり、袖の衿ぐり後ろ側で補正をする。

・後ろ衿ぐりが大きすぎる場合は、浮いている分を図のように後ろ脇身頃の衿ぐりでカットする (①)。
　この寸法は1cmが限度。カット寸法が1cmでおさまらない場合は、さらに袖の衿ぐり後ろ側で
　1cmを限度にカットする (②)。

・後ろ衿ぐりが小さい場合は、不足分を後ろ脇身頃の衿ぐりで追加する (①)。
　この寸法は1cmが限度。1cm以上追加したい場合は、さらに袖の衿ぐり後ろ側で、1cmを限度に追加する (②)。

・線を訂正したら、訂正した後ろ脇身頃と袖の線を突き合わせて、衿ぐり線をつながりのよい線に描き直す。

〈後ろ衿ぐりが大きい場合〉

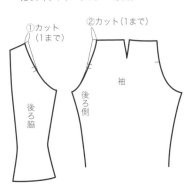

〈後ろ衿ぐりが小さい場合〉

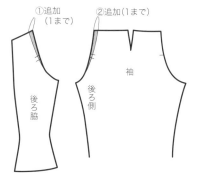

〈線のつながりの修正〉

ワンピースの出来上り寸法

7号＝バスト81／ウエスト64.5cm／着丈（後ろ肩から）137cm
9号＝バスト85／ウエスト68.5cm／着丈（後ろ肩から）137cm
11号＝バスト89／ウエスト72.5cm／着丈（後ろ肩から）138cm
13号＝バスト93／ウエスト76.5cm／着丈（後ろ肩から）138cm

アンダースカートの出来上り寸法

7号＝ヒップ96cm／スカート丈87cm
9号＝ヒップ100cm／スカート丈87cm
11号＝ヒップ104cm／スカート丈87cm
13号＝ヒップ108cm／スカート丈87cm

使用するパターン（1面）

A前身頃　A前脇身頃　A後ろ身頃

A前スカート、A前裾見返し

A後ろスカート、A後ろ裾見返し

＊ベルト、アンダースカートは
製図の寸法でパターンを作る。

ワンピースの材料

表布（リネン）…137cm幅3m70cm
接着芯…110cm幅1m90cm
接着テープ…1.2cm幅50cm
コンシールファスナー…長さ56cm1本
スプリングホック…1組み
かぎホック（ベルト用）…1組み

アンダースカートの材料

表布（ポリエステルストレッチ）
　　…112cm幅1m
ゴムテープ…1.5cm幅適宜

ワンピースの作り方のポイント

身頃は裏身頃にも表布を使います。
スカートは一重仕立てなので、
アンダースカートを着用します。
スカートの裾は見返しで縫い返して
始末します。

point

接着芯の選び方、はり方の ポイント

選び方 ／ 薄地の織布タイプで、ポリ
エステル100％のものよりもポリエステ
ルと綿の混紡がおすすめです。

はり方 ／ 接着芯をはるパーツは表
布、接着芯とも粗裁ち（縫い代を多め
につけて裁つこと。裁合せ図に示した
縫い代よりも0.5～1cm大きく裁つ）を
し、まず粗裁ちした表布の裏面に、粗
裁ちした接着芯をアイロンではります。
次に芯をはった粗裁ちの表布を、裁合
せ図に示した縫い代で裁ち直します。

ワンピースの下準備

・各身頃、前後の裾見返し、
　ウエストベルト、リボン、帯の
　裏面に接着芯をはる。

・後ろスカートのファスナーつけ位置の
　縫い代裏面に接着テープをはる。

・スカートの後ろ中心と脇の縫い代、
　前後裾見返しの上端にロックミシン
　（またはジグザグミシン）をかける。

ワンピースの縫い方順序

1 前のパネルラインを縫う。
2 後ろのダーツを縫う。
3 肩を縫う。
4 衿ぐりを縫う。
5 袖ぐりを縫う。
6 表、裏身頃の脇を続けて縫う。
7 スカートの後ろ中心を縫う。
8 スカートの脇を縫う。
9 スカートの裾の始末をする。
10 ウエストを縫い合わせる。
11 コンシールファスナーをつける。
12 裏身頃の後ろ中心、ウエストをまつる。
13 スプリングホックをつける。
14 ベルトを作る。

ベルトの製図

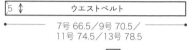

5 ↕ ウエストベルト
7号 66.5／9号 70.5／
11号 74.5／13号 78.5

5 ↕ リボン
24

7 帯 5
5

ワンピースの裁合せ図

アンダースカートの製図

7号 48／9号 50／
11号 52／13号 54

前後スカート

後ろ中心

前中心わ

87

スリット止り

35

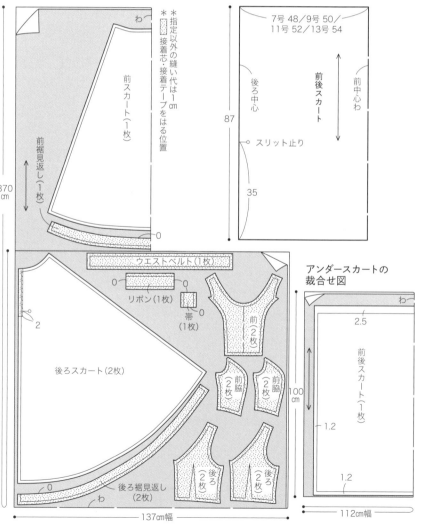

わ

前スカート（1枚）

前裾見返し（1枚）

370cm

＊指定以外の縫い代は1cm
＊＊接着芯・接着テープをはる位置

2

0

ウエストベルト（1枚）

0　0

リボン（1枚）

帯（1枚）

前（2枚）

前脇（2枚）

前脇（2枚）

後ろスカート（2枚）

後ろ（2枚）

後ろ（2枚）

0

後ろ裾見返し（2枚）

わ

137cm幅

アンダースカートの裁合せ図

わ

2.5

前後スカート（1枚）

100cm

1.2

1.2

112cm幅

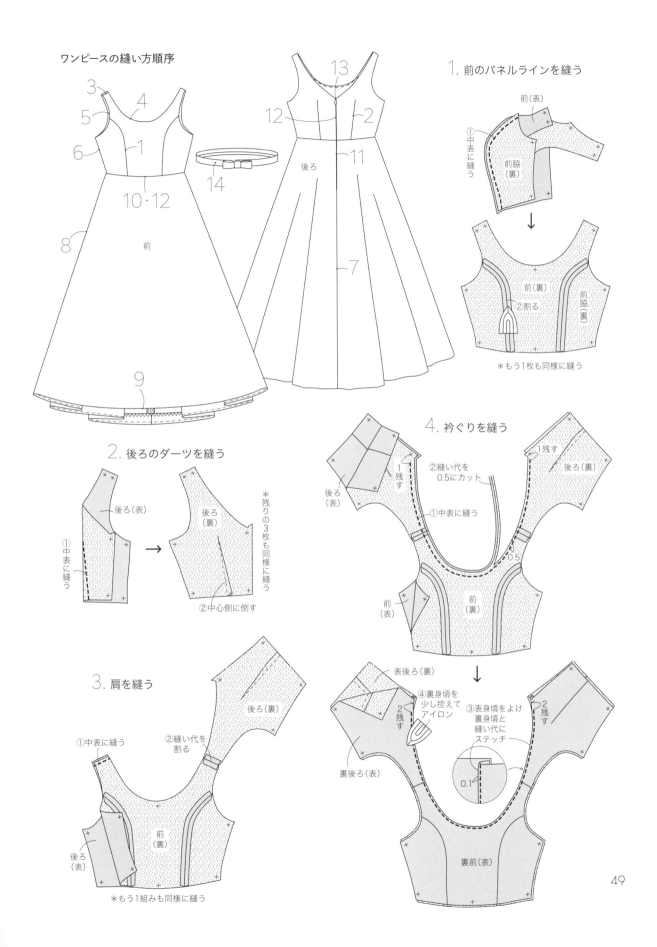

ワンピースの縫い方順序

3
4
5
1
6
10・12
8
前
9

13
12
2
11
後ろ
7

14

1. 前のパネルラインを縫う

前(表)

①中表に縫う

前脇(裏)

前(裏)　②割る　前脇(裏)

＊もう1枚も同様に縫う

2. 後ろのダーツを縫う

後ろ(表)

①中表に縫う

後ろ(裏)

②中心側に倒す

＊残りの3枚も同様に縫う

4. 衿ぐりを縫う

後ろ(表)

①残す

後ろ(裏)

②縫い代を0.5にカット

①中表に縫う

①残す

0.5

前(表)

前(裏)

3. 肩を縫う

後ろ(裏)

①中表に縫う

②縫い代を割る

前(裏)

後ろ(表)

＊もう1組みも同様に縫う

表後ろ(裏)

④裏身頃を少し控えてアイロン

②残す

裏後ろ(表)

③表身頃をよけ裏身頃と縫い代にステッチ

②残す

0.1

裏前(表)

5. 袖ぐりを縫う

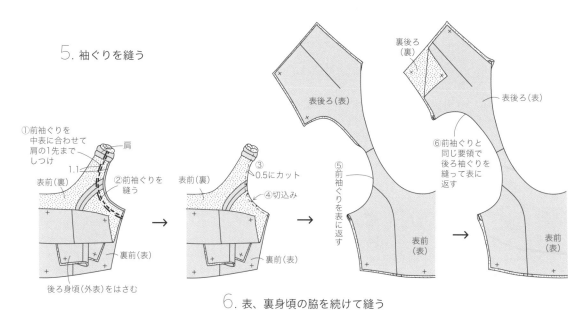

①前袖ぐりを
中表に合わせて
肩の1先まで
しつけ

肩

1.1

表前(裏)

②前袖ぐりを
縫う

後ろ身頃(外表)をはさむ

裏前(表)

表前(裏)

③0.5にカット

④切込み

裏前(表)

表後ろ(表)

裏後ろ(裏)

⑤前袖ぐりを表に返す

表前(表)

裏後ろ(裏)

表後ろ(表)

⑥前袖ぐりと
同じ要領で
後ろ袖ぐりを
縫って表に
返す

表前(表)

6. 表、裏身頃の脇を続けて縫う

①表、裏身頃の脇を
続けて縫う

表後ろ(表)

表前(裏)

裏前(裏)

裏後ろ(表)

表後ろ(表)

表前(表)

裏後ろ(裏)

②脇縫い代を割る

7. スカートの後ろ中心を縫う

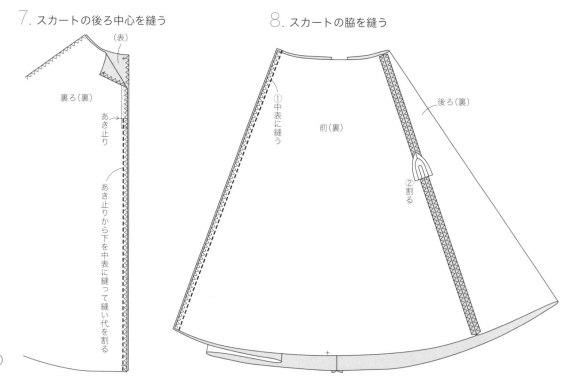

(表)

裏ろ(裏)

あき止り

あき止りから下を中表に縫って縫い代を割る

8. スカートの脇を縫う

①中表に縫う

前(裏)

後ろ(裏)

②割る

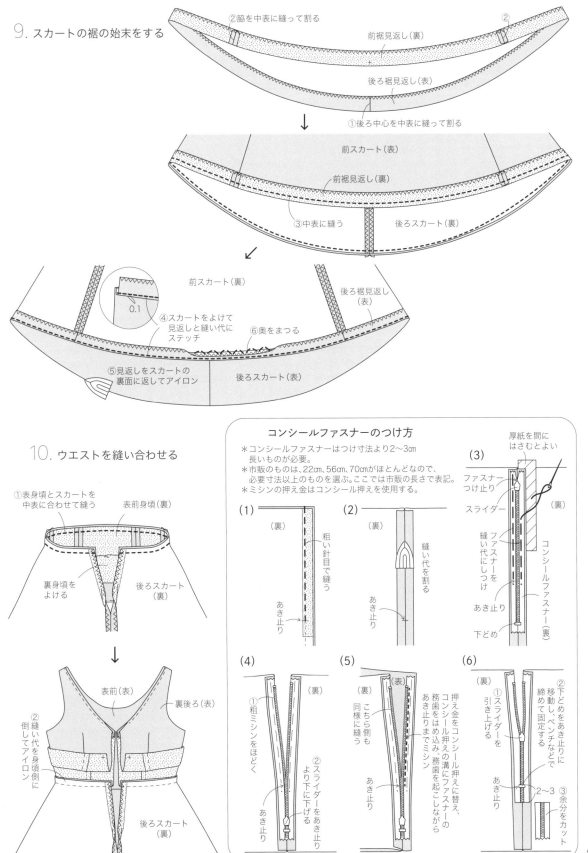

9. スカートの裾の始末をする

②脇を中表に縫って割る

前裾見返し(裏)

②

後ろ裾見返し(表)

①後ろ中心を中表に縫って割る

前スカート(表)

前裾見返し(裏)

③中表に縫う

後ろスカート(裏)

前スカート(裏)

0.1

④スカートをよけて見返しと縫い代にステッチ

⑥奥をまつる

後ろ裾見返し(表)

⑤見返しをスカートの裏面に返してアイロン

後ろスカート(表)

10. ウエストを縫い合わせる

①表身頃とスカートを中表に合わせて縫う

表前身頃(裏)

裏身頃をよける

後ろスカート(裏)

表前(表)

裏後ろ(表)

②縫い代を身頃側に倒してアイロン

後ろスカート(裏)

コンシールファスナーのつけ方

＊コンシールファスナーはつけ寸法より2〜3cm長いものが必要。
＊市販のものは、22cm、56cm、70cmがほとんどなので、必要寸法以上のものを選ぶ。ここでは市販の長さで表記。
＊ミシンの押え金はコンシール押えを使用する。

(1) (裏)　粗い針目で縫う　あき止り

(2) (裏)　縫い代を割る　あき止り

(3) 厚紙を間にはさむとよい

ファスナーつけ止り

スライダー

(裏)

ファスナーを縫い代にしつけ

あき止り

下どめ

コンシールファスナー(裏)

(4) (裏)　①粗ミシンをほどく　②スライダーをあき止りより下に下げる　あき止り

(5) (裏)(表)　押え金をコンシール押えに替え、コンシール押えの溝にファスナーの務歯をはめ込み、務歯を起こしながらあき止りまでミシン　こちら側も同様に縫う　あき止り

(6) (裏)　①スライダーを引き上げる　②下どめをあき止りに移動し、ペンチなどで締めて固定する　あき止り　2〜3　③余分をカット

51

11. コンシールファスナーをつける

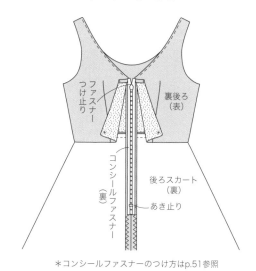

ファスナーつけ止り

裏後ろ（表）

コンシールファスナー

後ろスカート（裏）

あき止り

＊コンシールファスナーのつけ方はp.51参照

12. 裏身頃の後ろ中心、ウエストをまつる

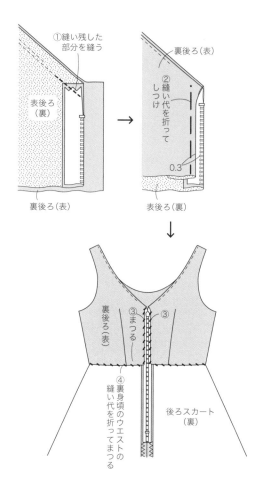

①縫い残した部分を縫う

表後ろ（裏）

裏後ろ（表）

②縫い代を折ってしつけ

0.3

裏後ろ（表）

表後ろ（裏）

↓

裏後ろ（表）

③まつる ③

④裏身頃のウエストの縫い代を折ってまつる

後ろスカート（裏）

14. ベルトを作る

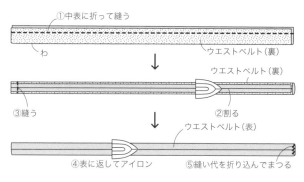

①中表に折って縫う

わ

ウエストベルト（裏）

③縫う

②割る

ウエストベルト（裏）

ウエストベルト（表）

④表に返してアイロン

⑤縫い代を折り込んでまつる

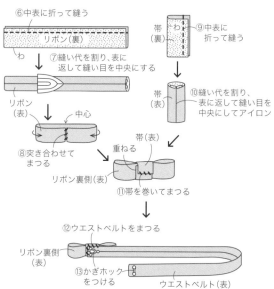

⑥中表に折って縫う

リボン（裏）

わ

⑦縫い代を割り、表に返して縫い目を中央にする

リボン（表）

中心

⑧突き合わせてまつる

リボン裏側（表）

帯（わ）

⑨中表に折って縫う

帯（裏）

帯（表）

⑩縫い代を割り、表に返して縫い目を中央にしてアイロン

帯（表）

重ねる

⑪帯を巻いてまつる

⑫ウエストベルトをまつる

リボン裏側（表）

⑬かぎホックをつける

ウエストベルト（表）

13. スプリングホックをつける

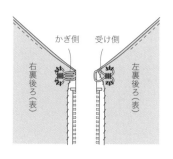

かぎ側

受け側

右裏後ろ（表）

左裏後ろ（表）

アンダースカートの下準備

・周囲の縫い代端にロックミシンをかける。

アンダースカートの縫い方順序

1 裾の始末をする。
2 後ろ中心を縫う。
3 スリットの始末をする。
4 ウエストの始末をする。

縫い方順序

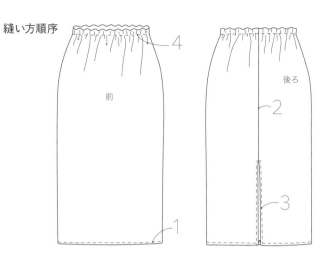

1. 裾の始末をする

2. 後ろ中心を縫う

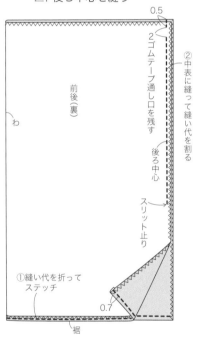

3. スリットの始末をする

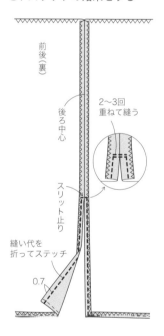

4. ウエストの始末をする

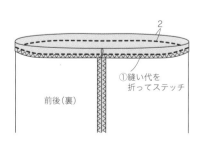

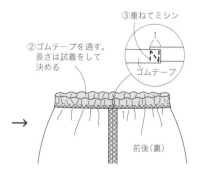

出来上り寸法

ウエスト＝7号63cm／9号67cm／11号71cm／13号75cm
スカート丈（各サイズ共通）＝107cm

パターン

製図の寸法で前スカート、後ろスカート、ボーのパターンを作る。

＊あきの縁とり布は裁合せ図の寸法で、直接布をカットする。

＊ウエストベルトは製図の寸法で、直接グログランリボンを2本カットする。

材料

表布（織りの粗い薄手のリネン）…145cm幅4m40cm

ナイロンチュール（ハード）（ボーの芯用）…200cm幅80cm

グログランリボン（ウエストベルト、ボーの帯用）…

　5cm幅7号1m90cm／9・11号2m／13号2m10cm

接着芯（ウエストベルト用）…4×80cm

かぎホック（2連）…1組み

下準備

ウエストベルト（グログランリボン）の1枚の裏面に接着芯をはる。→図

縫い方順序

1　後ろ中心にあきを作る。→p.57

2　脇を折伏せ縫いで縫う。→p.57

3　裾の縫い代を0.5cm幅の三つ折りにしてステッチをかける。

4　ウエストにギャザーを寄せる。→p.57

5　ウエストベルトをつける。→p.57

6　かぎホックをつける。→p.57

7　ボーを作ってつける。→図

製図

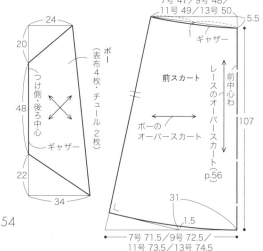

裁合せ図

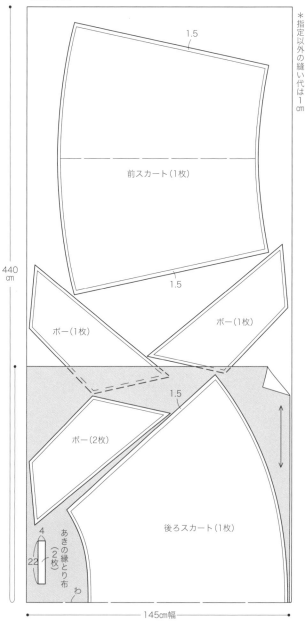

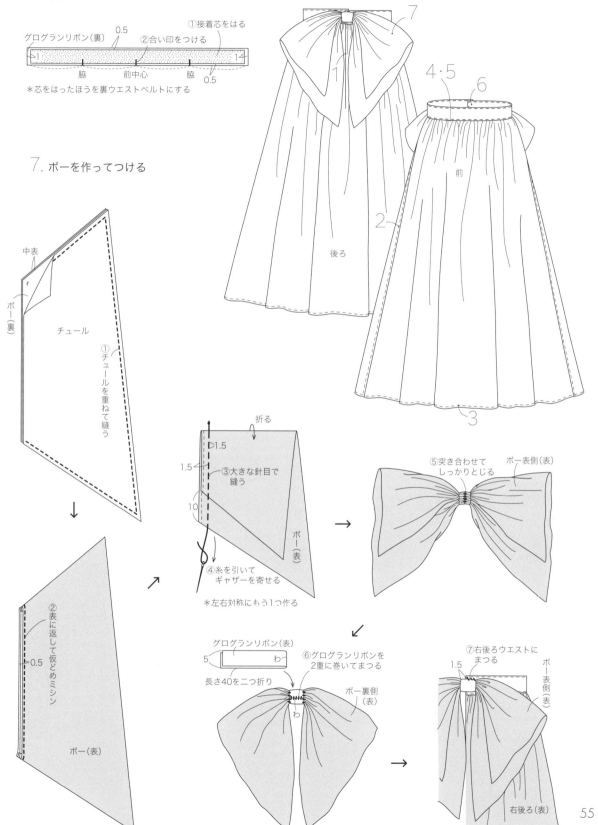

下準備

グログランリボン（裏）　　0.5　　①接着芯をはる
②合い印をつける
1　　　　　　　　　14
脇　　　前中心　　　脇　　0.5
＊芯をはったほうを裏ウエストベルトにする

縫い方順序

7

4・5

6

後ろ

前

7

2

3

7. ボーを作ってつける

中表
ボー（裏）
チュール
①チュールを重ねて縫う

②表に返して仮どめミシン
0.5
ボー（表）

折る
▷1.5
1.5
③大きな針目で縫う
10
④糸を引いてギャザーを寄せる
ボー（表）
＊左右対称にもう1つ作る

⑤突き合わせてしっかりとじる
ボー表側（表）

グログランリボン（表）
5　　わ
長さ40を二つ折り
⑥グログランリボンを2重に巻いてまつる
ボー裏側（表）
わ

⑦右後ろウエストにまつる
1.5
ボー表側（表）
右後ろ（表）

55

出来上り寸法

ウエスト＝7号63cm／9号67cm／11号71cm／13号75cm
スカート丈（各サイズ共通）＝107cm

パターン

p.54の製図の寸法で前スカート、後ろスカートのパターンを作る。

＊あきの縁とり布は裁合せ図の寸法で、直接布をカットする。
＊ウエストベルトはp.54の製図の寸法で、直接サテンリボン、グログランリボンを各1本ずつカットする。

材料

表布（織りの粗い薄手のリネン）…300cm幅2m40cm
サテンリボン（表ウエストベルト用）…
　5cm幅7号67cm／9号71cm／11号75cm／13号79cm
グログランリボン（裏ウエストベルト用）…
　5cm幅7号67cm／9号71cm／11号75cm／13号79cm
接着芯（裏ウエストベルト用）…4×80cm
レースA…1cm幅約3m
レースB…1.5cm幅約9m
かぎホック（2連）…1組み

下準備

裏ウエストベルト（グログランリボン）の裏面に接着芯をはる。→p.55

縫い方順序

1 後ろ中心にあきを作る。→図
2 脇を折伏せ縫いで縫う。→図
3 裾の縫い代を0.5cm幅の三つ折りにしてステッチをかける。
4 ウエストにギャザーを寄せる。→図
5 ウエストベルトをつける。→図
6 かぎホックをつける。→図
7 レースをつける。表ウエストベルトの下端に、ぐるっと1周レースAをところどころまつってとめる。次に出来上り図を参考に、レースA・Bを、バランスを見ながら好みで位置、長さを決め、上端だけをウエストベルトにとめつける。

裁合せ図

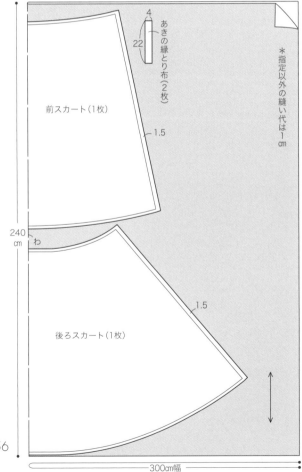

縫い方順序

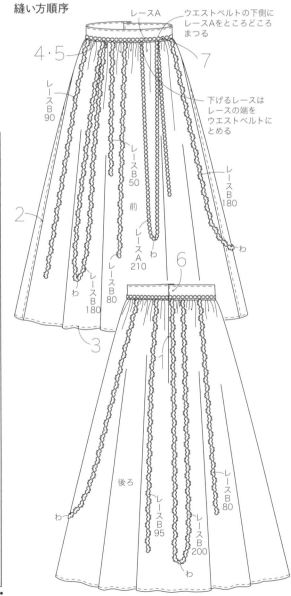

1. 後ろ中心にあきを作る

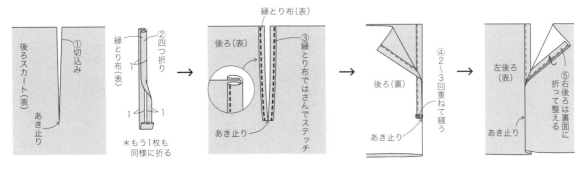

後ろスカート（表）
①切込み
あき止り

縁とり布（表）
②四つ折り
1
1　1
縁とり布（表）
＊もう1枚も同様に折る

縁とり布（表）
後ろ（表）
③縁とり布ではさんでステッチ
あき止り

後ろ（裏）
④2〜3回重ねて縫う
あき止り

縁とり布（表）
左後ろ（表）
⑤右後ろは裏面に折って整える
あき止り

2. 脇を折伏せ縫いで縫う

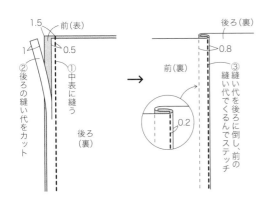

1.5
前（表）
0.5
1
①中表に縫う
②後ろの縫い代をカット
後ろ（裏）

後ろ（裏）
0.8
前（裏）
③縫い代を後ろに倒し、前の縫い代でくるんでステッチ
0.2

4. ウエストにギャザーを寄せる

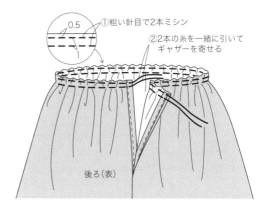

0.5
1
①粗い針目で2本ミシン
②2本の糸を一緒に引いてギャザーを寄せる
後ろ（表）

＊ウエストベルトの長さに合わせてギャザーを寄せ、ギャザーは均一に整える

5. ウエストベルトをつける

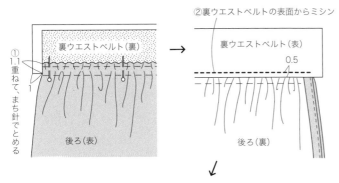

①1.1重ねて、まち針でとめる
1
裏ウエストベルト（裏）
後ろ（表）

②裏ウエストベルトの表面からミシン
裏ウエストベルト（表）
0.5
後ろ（裏）

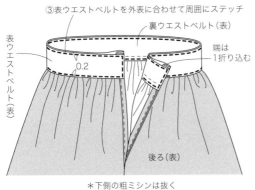

③表ウエストベルトを外表に合わせて周囲にステッチ
裏ウエストベルト（表）
表ウエストベルト（表）
0.2
端は1折り込む
後ろ（表）

＊下側の粗ミシンは抜く

6. かぎホックをつける

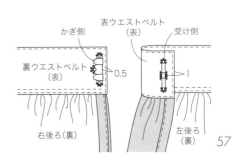

かぎ側
表ウエストベルト（表）
受け側
裏ウエストベルト（表）
0.5
1
右後ろ（裏）
左後ろ（裏）

出来上り寸法

7号＝バスト81cm／ウエスト64cm／着丈（後ろ肩から）131cm
9号＝バスト85cm／ウエスト68cm／着丈（後ろ肩から）131cm
11号＝バスト89cm／ウエスト72.5cm／着丈（後ろ肩から）132cm
13号＝バスト93cm／ウエスト76.5cm／着丈（後ろ肩から）132cm

使用するパターン（1面）

A前身頃　A前脇身頃　A後ろ身頃
B前・後ろスカート、B前・後ろ裾見返し

＊オーバースカートはスカラップレースの裁合せ図に示した寸法で
　直接布をカットする。

材料

表布（リネン）…273cm幅1m20cm
スカラップレース（オーバースカート用）…
　110cm幅7・9・11号2m20cm／
　13号2m30cm
接着芯…110cm幅1m90cm
接着テープ…1.2cm幅50cm
コンシールファスナー…長さ56cm1本
パールビーズ…直径0.4cm　長さ80cm
スプリングホック…1組み

作り方のポイント

リネンのスカートの上にスカラップレースのギャザーを寄せたオーバースカートを重ねて、ウエストを縫い合わせます。ベースのワンピースの縫い方はpattern1基本のワンピースと同じです。

下準備

・各身頃、前後の裾見返しの裏面に接着芯をはる。
・後ろスカートのファスナーつけ位置の縫い代裏面に接着テープをはる。
・スカートの後ろ中心と脇の縫い代、オーバースカートの後ろ中心の縫い代
　（あき止りの1cm上から裾まで）、前後裾見返しの上端にロックミシン（または
　ジグザグミシン）をかける。

縫い方順序

裁合せ図
表布

前脇（2枚）　前脇（2枚）
後ろ裾見返し（2枚）
後ろスカート（2枚）
前スカート（1枚）
前（1枚）　後ろ（2枚）
前（1枚）　後ろ（2枚）
前裾見返し（1枚）
120cm
273cm幅

＊ ＊印は指定以外の縫い代は1cm
接着芯・接着テープをはる位置

スカラップレース

1縫い代　後ろ中心　20
あき止り
縫い代
裾・スカラップを使う

前後オーバースカート（1枚）
号	寸法
7号	103
9号	105
11号	107
13号	109

ウエスト
前中心わ
93
7・9・11号220cm／13号230cm
110cm幅

縫い方順序

1 前のパネルラインを縫う。→p.49
2 後ろのダーツを縫う。→p.49
3 肩を縫う。→p.49
4 衿ぐりを縫う。→p.49
5 袖ぐりを縫う。→p.50
6 表、裏身頃の脇を続けて縫う。→p.50
7 スカートの後ろ中心を縫う。→p.50
8 スカートの脇を縫う。→p.50
9 スカートの裾の始末をする。→p.51

10 オーバースカートの後ろ中心を縫う。→図
11 オーバースカートにギャザーを寄せ、仮どめをする。→図
12 ウエストを縫い合わせる。→p.51
13 オーバースカートをよけてコンシールファスナーをつける。
   コンシールファスナーのつけ方は→p.51,52
14 裏身頃の後ろ中心、ウエストをまつる。→p.52
15 ウエストにパールビーズをつける。糸に通したパールビーズを
   ウエストにそわせ、2〜3粒おきに芯糸をとめる。
16 スプリングホックをつける。→p.52

10. オーバースカートの後ろ中心を縫う

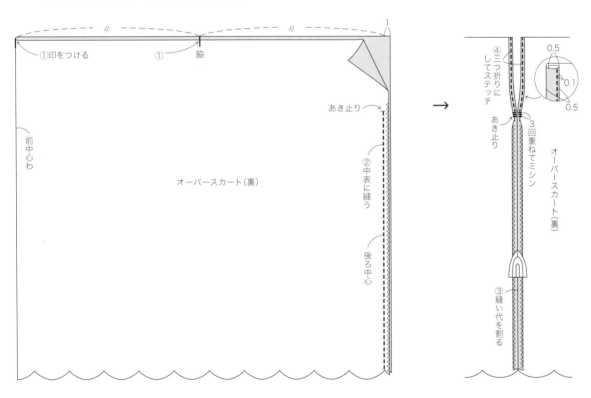

11. オーバースカートにギャザーを寄せ、仮どめをする

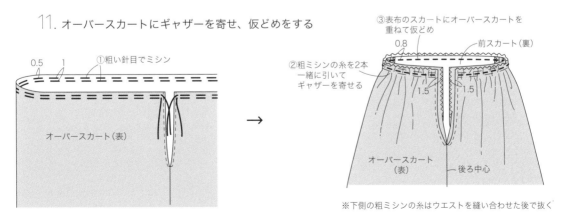

※下側の粗ミシンの糸はウエストを縫い合わせた後で抜く

出来上り寸法

幅115cm　長さ87cm

材料

ナイロンチュール（ソフト）…115×135cm

鳩のモチーフ…適宜（作品は小16個、大8個）

カチューシャ（布でくるんだタイプ）…

　　0.5cm幅1本

透明糸…適宜

作り方のポイント

長方形に裁ったチュールに鳩のモチーフを透明糸ととめつけます。モチーフをつける位置や数は、図を参考に好みで決めます。

1. チュールをカットし、鳩のモチーフをとめつける

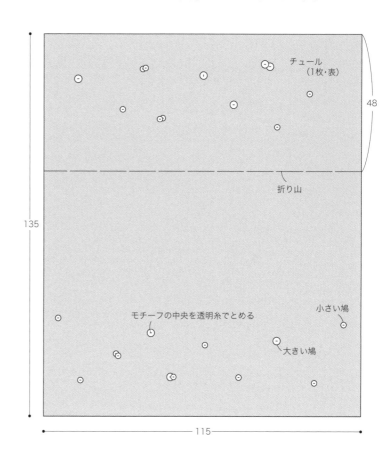

チュール
（1枚・表）

48

折り山

モチーフの中央を透明糸でとめる

小さい鳩

大きい鳩

135

115

2. チュールを折って縫う

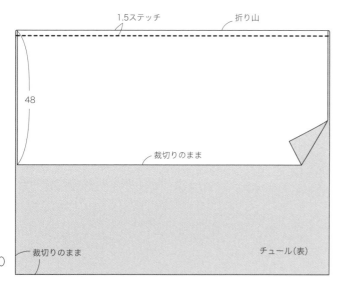

1.5ステッチ

折り山

48

裁切りのまま

裁切りのまま

チュール（表）

3. チュールにカチューシャを通してとめる

ステッチの間にカチューシャを通して均一にギャザーを寄せてチュールをカチューシャに縫いとめる

8

カチューシャ

チュール（表）

出来上り寸法

約83×83cm

材料

ナイロンチュール（ソフト）…80×80cm

スカラップレース…2.5cm幅3m50cm

透明糸…適宜

作り方のポイント

チュールを正方形にカットし、周囲にスカラップレース
を透明糸で縫いとめます。

1. チュールをカットする

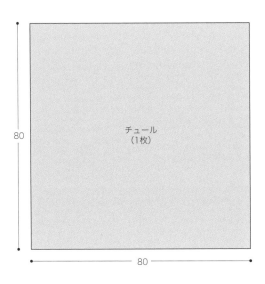

80

チュール
（1枚）

80

2. チュールの周囲にレースをつける

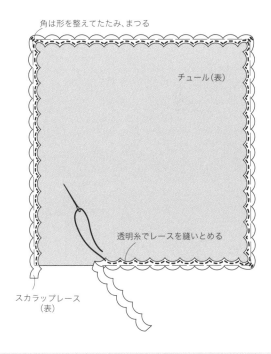

角は形を整えてたたみ、まつる

チュール（表）

透明糸でレースを縫いとめる

スカラップレース
（表）

point

透明糸

チュールにレースをとめつけるには、ガ
ラスのように透き通った糸、透明糸を
使うことをおすすめします。
透明なので、とめつけた糸がほとんど
見えず、仕上りがきれいです。
普通の縫い糸と同様に扱えます。

糸質がややかたいので、普通の縫
い糸よりは布になじみにくいと感じ
るかもしれませんが、丁寧に縫い進
めれば問題はないでしょう。
また、糸の先端がチクチクして肌を
傷つけてしまうことがあります。肌
に直接当たる部分には使わないよう
にしましょう。

モノカラー（フジックス）col.クリア#60
ナイロン100%

出来上り寸法

幅122cm　長さ48.5cm

材料

ナイロンチュール（ソフト）…200cm幅1m30cm

レース…11.5cm幅1m30cm

コーム…長さ7.5cm1個

ビーズ…直径1.1cm2個／0.8cm6個／0.6cm5個

透明糸…適宜

作り方のポイント

同じ寸法の長方形に裁ったチュールを4枚重ね、裾にレースをつけます。上端にギャザーを寄せてコームをつけ、ビーズを飾ります。

1. チュールをカットする

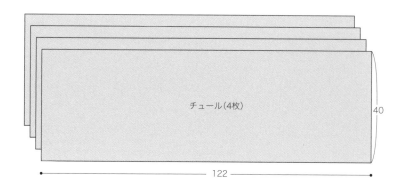

チュール(4枚)

40

122

2. レースをつけ、ギャザーミシンをかける

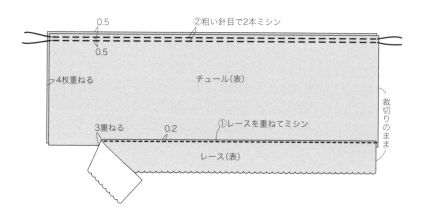

0.5

0.5

②粗い針目で2本ミシン

4枚重ねる

チュール(表)

裁切りのまま

3重ねる

0.2

①レースを重ねてミシン

レース(表)

3. ギャザーを寄せる

①表面の2本の糸を一緒に引いてギャザーを寄せる

②引いた2本の糸を一緒にしっかり結び余分を切る

コームの長さ

チュール(表)

4. コームをつける

透明糸でコームをしっかり縫いとめる

コーム

チュール(裏)

5. ビーズをつける

透明糸でビーズをしっかりとめつける

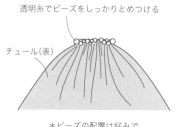

チュール(表)

＊ビーズの配置は好みで

出来上り寸法
幅160cm 長さ220cm

材料
ナイロンチュール（ソフト）…160×300cm
コーム…長さ10cm1個
パールビーズ…直径1cm11個
透明糸…適宜

作り方のポイント
チュールを楕円形に裁ち、上側を80cmの位置で折って中央に
ギャザーを寄せ、コームをつけてパールビーズを飾ります。

1. チュールをカットする

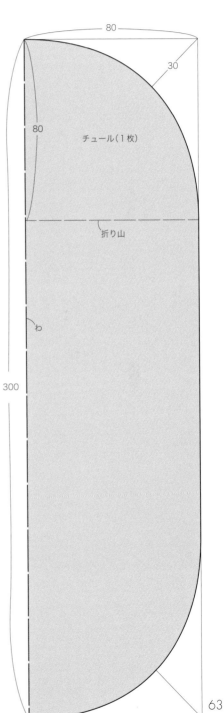

80
30
80
チュール（1枚）
折り山
わ
300
63

2. 上側を折って、ギャザーミシンをかける

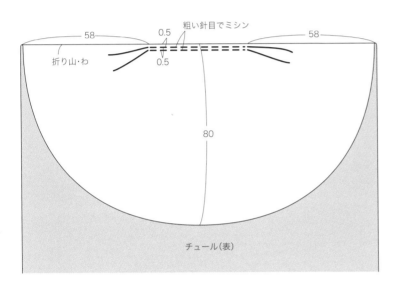

58　0.5　粗い針目でミシン　58
折り山・わ　0.5
80
チュール（表）

3. ギャザーを寄せてコームをつける

①粗ミシンの糸を2本一緒に
　引いてギャザーを寄せる
　（p.62−3参照）

②透明糸でコームを
　しっかり縫いとめる

わ　コーム
長いほうのチュール

4. ビーズをつける

透明糸でビーズを縫いとめる

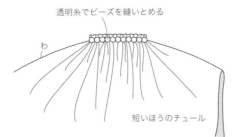

わ
短いほうのチュール

pattern 1 ペプラム

出来上り寸法

7号＝ウエスト64cm
9号＝ウエスト68cm
11号＝ウエスト72cm
13号＝ウエスト76cm

使用するパターン（1面）

Cペプラム

＊ウエストベルト、リボンは裁合せ図の寸法で、直接布を裁つ。

材料

表布（リネン）…90×80cm
裏布（薄手木綿）…80×80cm
接着芯…90×80cm
レース…2cm幅90cm
スプリングホック…2組み

下準備

・表ペプラム、ウエストベルトの裏面に接着芯をはる。

縫い方順序

1 ペプラムの外回りを縫う。表ペプラムと裏ペプラムを中表に合わせ、ウエスト以外の外回りを縫い、表に返してアイロンで整える。2枚作る。

2 ウエストベルトをつける。→図

3 リボンを作ってつける。→図

4 スプリングホックをつける。裏ウエストベルトの右後ろ端にかぎ側を、左後ろ端に受け側をつけるが、ウエストベルトが後ろ中心で突合せになるようにつける。

裁合せ図

縫い方順序

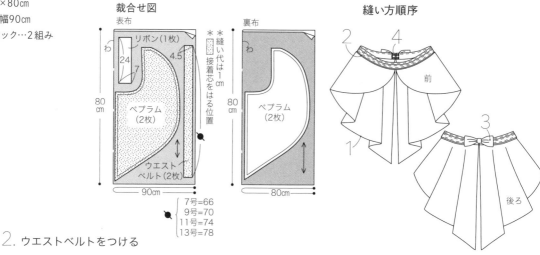

2. ウエストベルトをつける

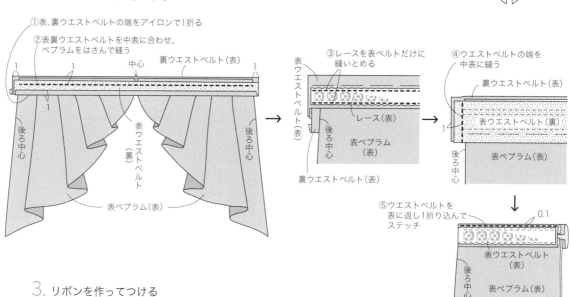

3. リボンを作ってつける

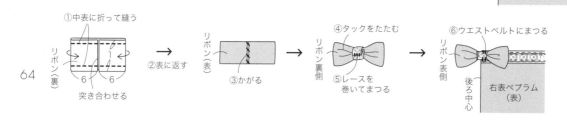

出来上り寸法

〔トップス〕
7号＝バスト83.5cm／着丈32cm／袖丈43.5cm
9号＝バスト87.5cm／着丈32cm／袖丈44cm
11号＝バスト91.5cm／着丈33cm／袖丈45cm
13号＝バスト95.5cm／着丈33cm／袖丈45.5cm
〔スカート〕
7号＝ウエスト62cm／ヒップ88cm／スカート丈103cm
9号＝ウエスト66cm／ヒップ92cm／スカート丈103cm
11号＝ウエスト70cm／ヒップ96cm／スカート丈103cm
13号＝ウエスト74cm／ヒップ100cm／スカート丈103cm

使用するパターン（3・4面）

D前身頃　D前脇身頃　D後ろ脇身頃　D後ろ身頃

D袖　E前スカート　E後ろスカート

＊ループ用バイアス布は裁合せ図の寸法で直接布を裁つ。

材料

表布（リネン）…273cm幅2m20cm
接着芯…110cm幅1m30cm
接着テープ…1.2cm幅1m
バイアステープ（四つ折りタイプ）…0.8cm幅50cm
くるみボタン…直径1.1cm14個
コンシールファスナー…56cm1本
スプリングホック…1組み

作り方のポイント

・トップスは、身頃は共布で裏をつけて2重に、
　袖は1枚で仕立てます。

・スカートは、丈の違う2枚のスカートを重ねて
　2重にして仕立てます。

トップスの下準備

・各身頃の裏面に接着芯をはる。

・袖の衿ぐりの縫い代裏面に、接着テープをはる。

・袖口の縫い代にロックミシン（またはジグザグミシン）をかける。

トップスの縫い方順序

1　ループを作り、右後ろ身頃に仮どめをする。

2　後ろの切替え線を縫う。

3　前のパネルラインを縫う。

4　脇を縫う。

5　衿ぐりを縫う。

6　袖を作る。

7　袖をつける。

8　後ろ中心と裾を縫う。

9　くるみボタンを作ってつける。

裁合せ図

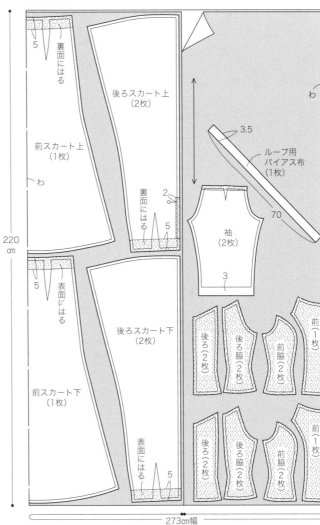

＊＊指定以外の縫い代は1cm
　接着芯・接着テープをはる位置

トップスの縫い方順序

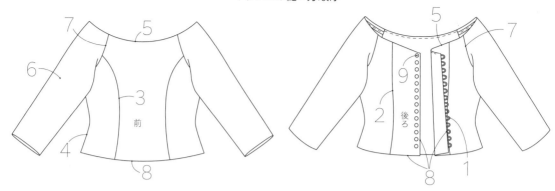

左図：7 5 6 3 前 4 8

右図：5 7 9 2 後ろ 8 1

1. ループを作り、右後ろ身頃に仮どめをする

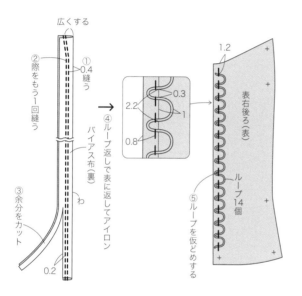

広くする
①0.4縫う
②際をもう1回縫う
バイアス布（裏）
わ
③余分をカット
0.2
④ループ返しで表に返してアイロン

0.3
2.2
1
0.8

1.2
表右後ろ（表）
⑤ループを仮どめする
ループ14個

2. 後ろの切替え線を縫う

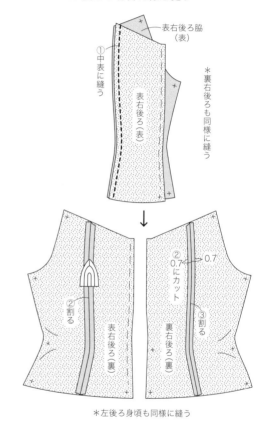

表右後ろ脇（表）
①中表に縫う
表右後ろ（表）
＊裏右後ろも同様に縫う

②割る
表右後ろ（裏）
②0.7にカット 0.7
③割る
裏右後ろ（裏）

＊左後ろ身頃も同様に縫う

3. 前のパネルラインを縫う

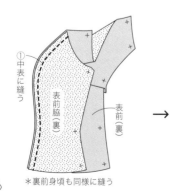

①中表に縫う
表前脇（裏）
表前（裏）

＊裏前身頃も同様に縫う

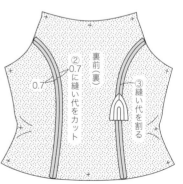

表前（裏）
②縫い代を割る

②0.7に縫い代をカット
0.7
裏前（裏）
③縫い代を割る

4. 脇を縫う

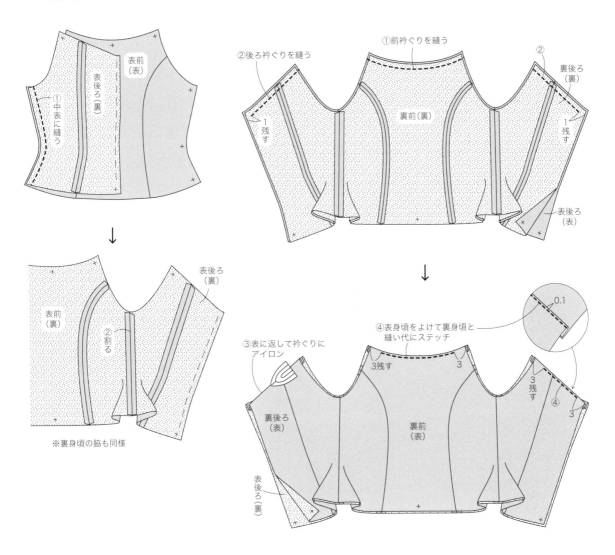

表前（表）

表後ろ（裏）

①中表に縫う

↓

表前（裏）

表後ろ（裏）

②割る

※裏身頃の脇も同様

5. 衿ぐりを縫う

②後ろ衿ぐりを縫う

①前衿ぐりを縫う

②

裏後ろ（裏）

1残す

裏前（裏）

1残す

表後ろ（表）

↓

0.1

④表身頃をよけて裏身頃と縫い代にステッチ

③表に返して衿ぐりにアイロン

3残す

3

3残す

④

3

裏後ろ（表）

裏前（表）

表後ろ（裏）

表後ろ（裏）

6. 袖を作る

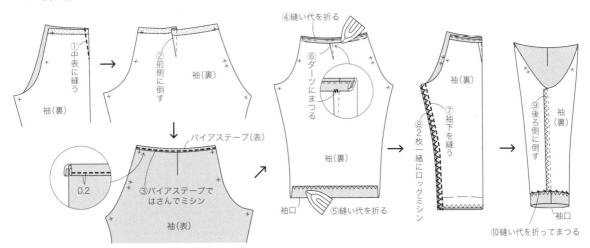

①中表に縫う

袖（裏）

②前側に倒す

袖（裏）

④縫い代を折る

⑥ダーツにまつる

袖（裏）

バイアステープ（表）

0.2

③バイアステープではさんでミシン

袖（表）

袖（裏）

⑦袖下を縫う

⑧2枚一緒にロックミシン

⑨後ろ側に倒す

袖（裏）

袖口

⑤縫い代を折る

袖口

⑩縫い代を折ってまつる

7. 袖をつける

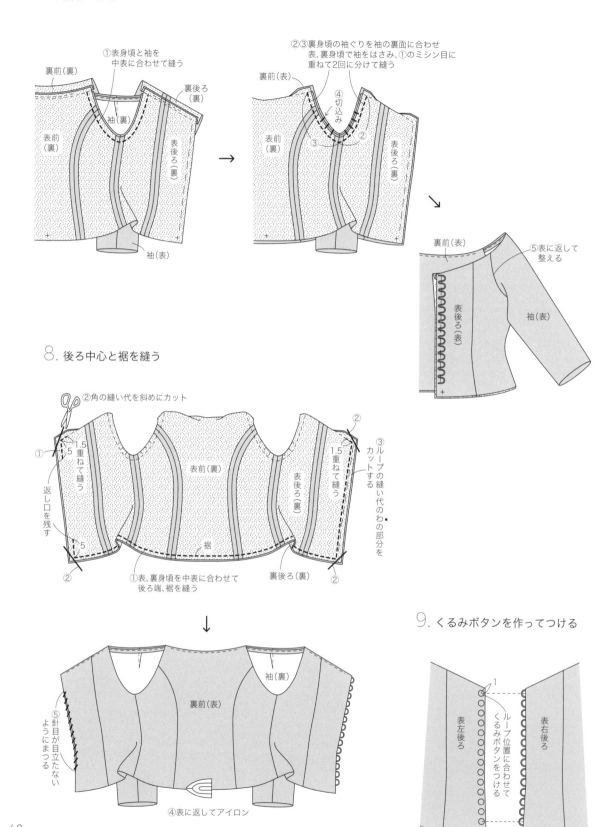

①表身頃と袖を
中表に合わせて縫う

裏前(裏)

袖(裏)

裏後ろ(裏)

表前(裏)

表後ろ(裏)

袖(表)

②③裏身頃の袖ぐりを袖の裏面に合わせ
表、裏身頃で袖をはさみ、①のミシン目に
重ねて2回に分けて縫う

裏前(表)

④切込み

③　②

表前(裏)

表後ろ(裏)

裏前(表)

⑤表に返して
整える

表後ろ(表)

袖(表)

8. 後ろ中心と裾を縫う

②角の縫い代を斜めにカット

①

1.5
5
重ねて縫う

返し口を残す

表前(裏)

表後ろ(裏)

1.5
5
重ねて縫う

②

③ループの縫い代のわの部分をカットする

5

②

①表、裏身頃を中表に合わせて
後ろ端、裾を縫う

裾

裏後ろ(裏)

②

⑤針目が目立たないようにまつる

裏前(表)

袖(裏)

④表に返してアイロン

9. くるみボタンを作ってつける

表左後ろ

1

ループ位置に合わせて
くるみボタンをつける

表右後ろ

68

スカートの下準備

・ウエスト部分に、5cm幅で接着芯をはる。上側のスカートは裏面に、下側のスカートは表面にはる。→裁合せ図

・上側スカートのファスナーつけ位置の縫い代裏面に、接着テープをはる。

・上側スカート、下側スカートとも後ろ中心、脇の縫い代にロックミシン（またはジグザグミシン）をかける。

スカートの縫い方順序

1 前後ともダーツを縫う。

2 上側スカートの後ろ中心を縫い、コンシールファスナーをつける。

3 下側スカートの後ろ中心を縫う。

4 脇を縫う。

5 裾の始末をする。

6 ウエストを縫う。

7 ファスナーあきの裏側の始末をする。

8 スプリングホックをつける。→p.52

スカートの縫い方順序

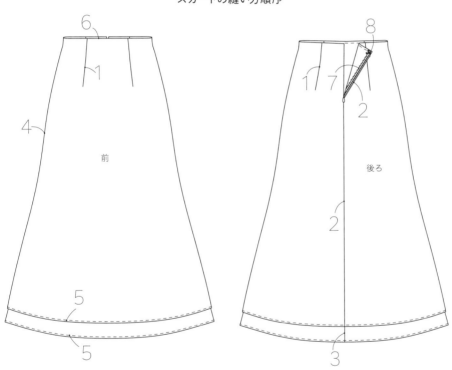

1. ダーツを縫う

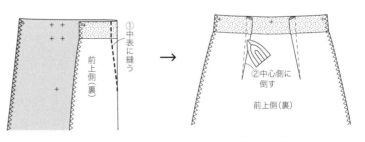

＊他のダーツも同様に縫う

2. 上側スカートの後ろ中心を縫い、コンシールファスナーをつける

後ろ上側（裏）

粗い針目でミシン
あき止り
2～3返し縫い
普通にミシン
①中表に縫う

（表）

後ろ上側（裏）

③コンシールファスナーをつける（p.51参照）
②縫い代を割る

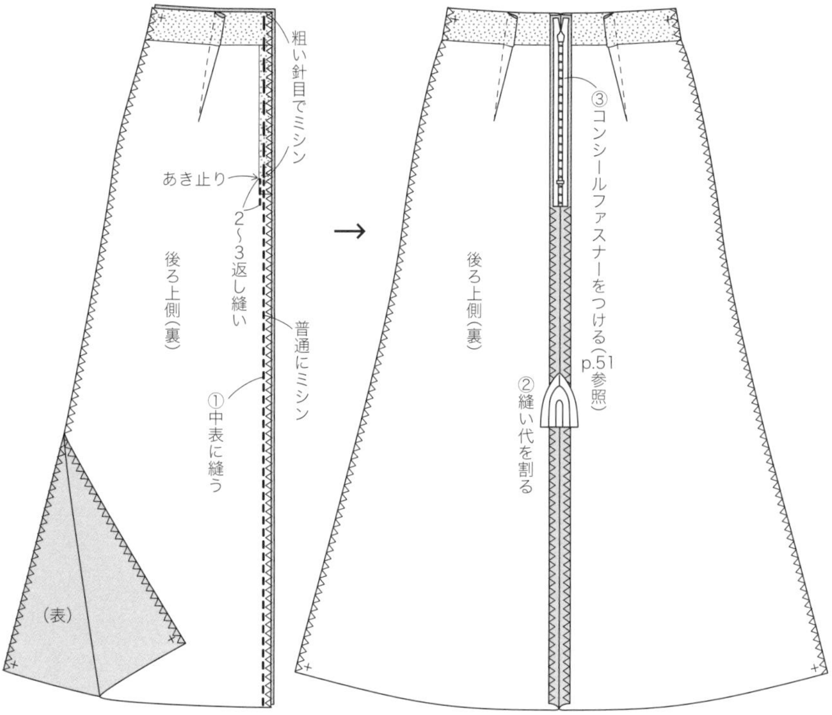

3. 下側スカートの後ろ中心を縫う

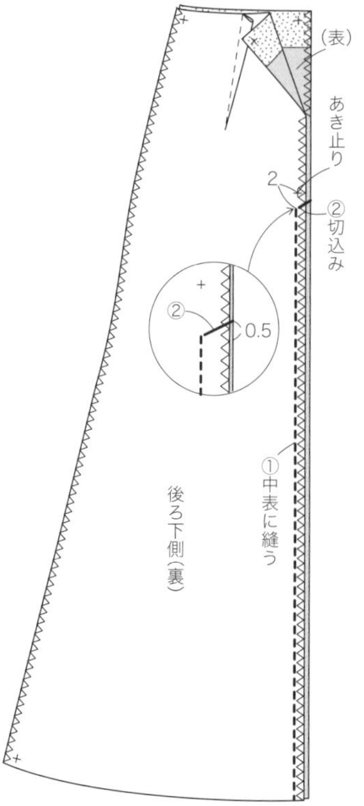

（表）
あき止り
2
②切込み
②
0.5
①中表に縫う
後ろ下側（裏）

4. 脇を縫う

後ろ上側（表）

①中表に縫う
前上側（裏）
①
①

前下側（裏）

②縫い代を割る
後ろ下側（裏）

後ろ下側（裏）
③縫い代を割る

70

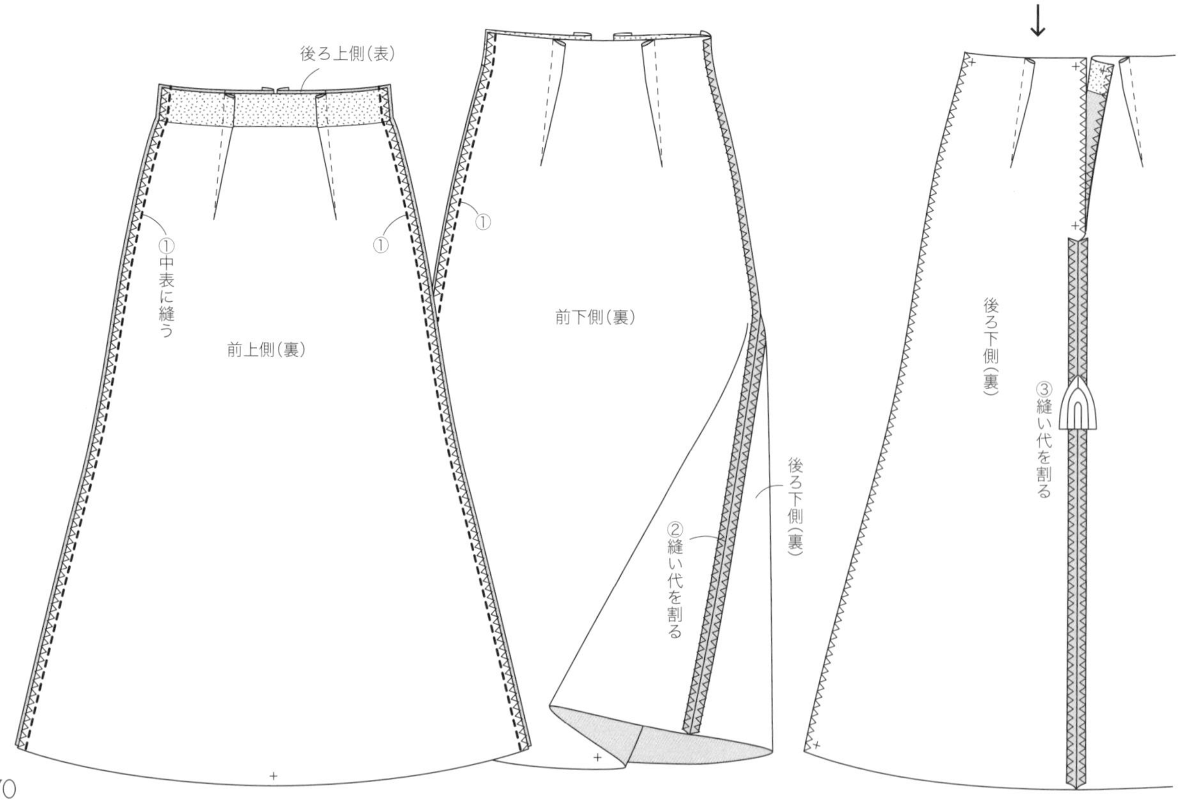

5. 裾の始末をする

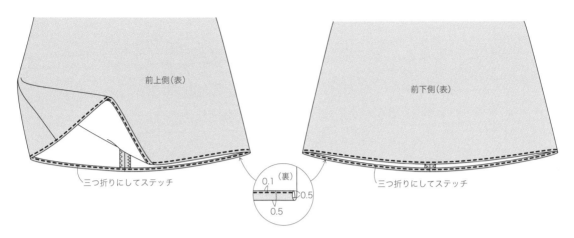

前上側（表）

三つ折りにしてステッチ

0.1 （裏）
0.5
0.5

前下側（表）

三つ折りにしてステッチ

6. ウエストを縫う

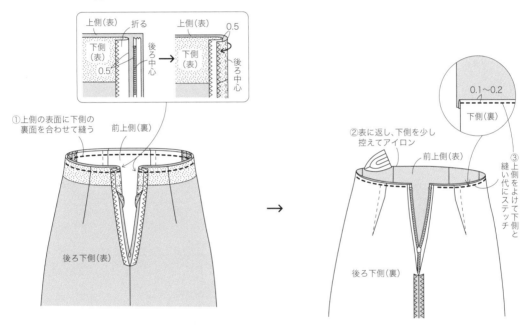

上側（表）　折る　上側（表）　0.5

下側（表）　　　後ろ中心　　　下側（表）　　　後ろ中心

0.5

①上側の表面に下側の
裏面を合わせて縫う

前上側（裏）

後ろ下側（表）

0.1〜0.2

下側（裏）

②表に返し、下側を少し
控えてアイロン

前上側（表）

③上側をよけて下側と
縫い代にステッチ

後ろ下側（裏）

7. ファスナーあきの裏側の始末をする

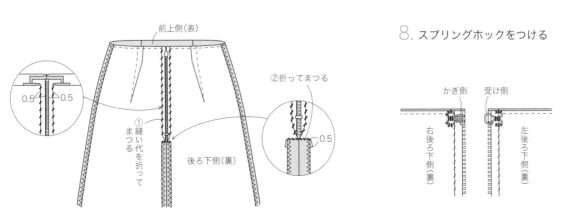

前上側（表）

0.5　0.5

②折ってまつる

①縫い代を折って
まつる

後ろ下側（裏）

0.5

8. スプリングホックをつける

かぎ側　　　　受け側

右後ろ下側（裏）　　　左後ろ下側（裏）

出来上り寸法

7号＝バスト83.5cm／着丈32cm
9号＝バスト87.5cm／着丈32cm
11号＝バスト91.5cm／着丈33cm
13号＝バスト95.5cm／着丈33cm

パターン（3面）

D前身頃　D前脇身頃　D後ろ身頃　D後ろ脇身頃
Dフレンチスリーブ

材料

表布（サークルリネンレース）…273cm幅50cm
裏布（リネン）…120×50cm
接着芯…110cm幅70cm
接着テープ…1.2cm幅2m
オープンファスナー…7・9号31cm／11・13号32cm　各1本

作り方のポイント

身頃は表身頃にリネンのレースを、裏身頃には無地のリネンを使います。
フレンチスリーブ（袖）は表、裏袖ともリネンのレースで仕立てます。

下準備

・裏身頃の各パーツの裏面に接着芯をはる。
・表身頃の衿ぐりと後ろ中心、フレンチスリーブ（袖・左右対称に1組み）の
　衿ぐりの縫い代裏面に、接着テープをはる。
　袖は接着テープをはったほうを表袖にする。

縫い方順序

1　後ろの切替え線を縫う。→p.66
2　前のパネルラインを縫う。→p.66
3　脇を縫う。→p.67
4　衿ぐりを縫う。→p.67
5　袖（フレンチスリーブ）を作る。→図
6　袖をつける。→p.68
7　後ろ中心にオープンファスナーをつける。→図
8　裾を縫い、裏身頃の後ろ中心をまつる。→図

裁合せ図

表布

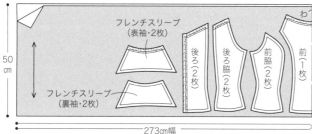

50cm

273cm幅

裏布

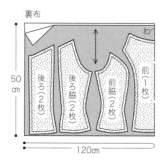

50cm

120cm

＊縫い代は1cm
＊▨接着芯・接着テープをはる位置

縫い方順序

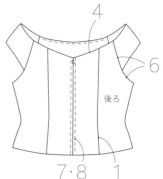

5. 袖を作る

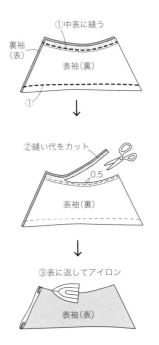

①中表に縫う

裏袖
(表)

表袖(裏)

①

↓

②縫い代をカット

0.5

表袖(裏)

↓

③表に返してアイロン

表袖(表)

7. 後ろ中心にオープンファスナーをつける

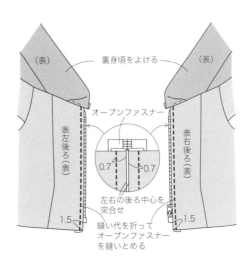

(表)　　裏身頃をよける　　(表)

オープンファスナー

表左後ろ(表)　　表右後ろ(表)

0.7　0.7

左右の後ろ中心を
突合せ

1.5　　縫い代を折って
オープンファスナー
を縫いとめる　1.5

8. 裾を縫い、裏身頃の後ろ中心をまつる

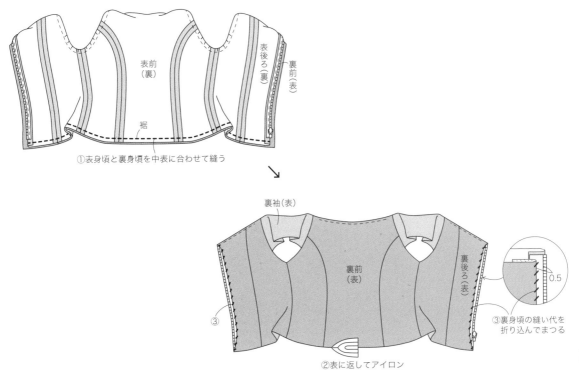

表前
(裏)

表後ろ(裏)

裏前(表)

裾

①表身頃と裏身頃を中表に合わせて縫う

↓

裏袖(表)

裏前
(表)

裏後ろ
(表)

0.5

③裏身頃の縫い代を
折り込んでまつる

③

②表に返してアイロン

出来上り寸法

7号＝バスト83.5cm／着丈32cm／袖丈48cm
9号＝バスト87.5cm／着丈32cm／袖丈48.5cm
11号＝バスト91.5cm／着丈33cm／袖丈49.5cm
13号＝バスト95.5cm／着丈33cm／袖丈50cm

パターン（3面）

D前身頃　D前脇身頃　D後ろ身頃　D後ろ脇身頃

D袖（表袖）　D袖（裏袖）

＊ループ用バイアス布は、裁合せ図の寸法で直接布を裁つ。

材料

表布（リネン）…145cm幅1m40cm
裏布（薄手木綿）（裏袖用）…75×50cm
接着芯…110cm幅1m30cm
接着テープ…1.2cm幅90cm
くるみボタン…直径1.1cm14個

作り方のポイント

・袖は、表袖はバルーンスリーブの袖のパターンを、
　裏袖はタイトスリーブの袖のパターンを使います。
・身頃は共布で裏をつけて2重に、袖の裏布には薄手木綿を使います。

下準備

・各身頃の裏面に接着芯をはる。
・表袖、裏袖とも衿ぐりの縫い代裏面に接着テープをはる。

縫い方順序

1 ループを作り、右後ろ身頃に仮どめをする。→p.66
2 後ろの切替え線を縫う。→p.66
3 前のパネルラインを縫う。→p.66
4 脇を縫う。→p.67
5 衿ぐりを縫う。→p.67
6 袖を作る。→図
7 袖をつける。→p.68
8 後ろ中心と裾を縫う。→p.68
9 くるみボタンを作ってつける。→p.68

裁合せ図

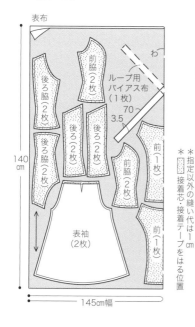

縫い方順序

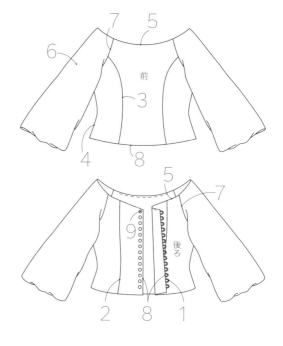

6. 袖を作る

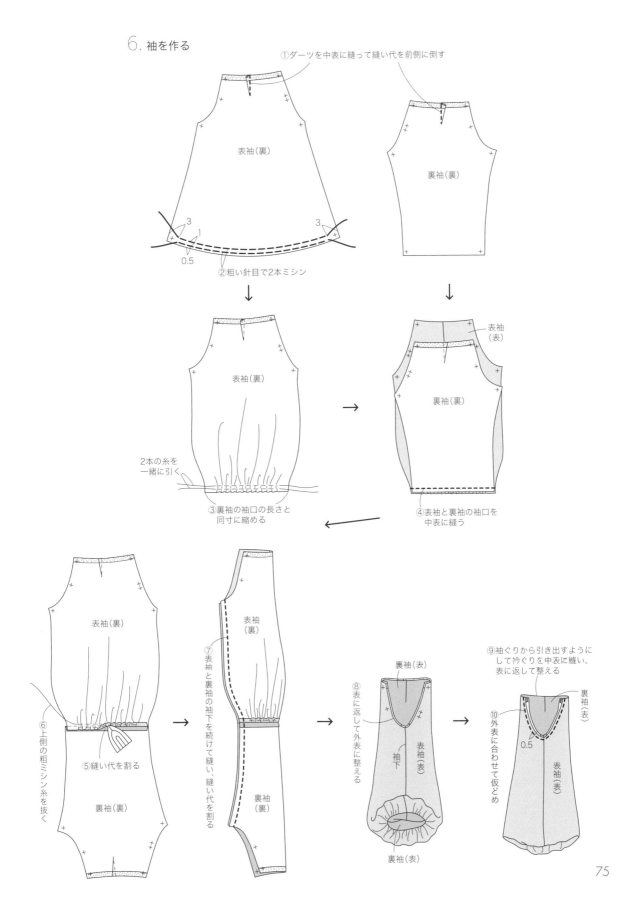

①ダーツを中表に縫って縫い代を前側に倒す

表袖(裏)

裏袖(裏)

3

1

0.5

②粗い針目で2本ミシン

2本の糸を
一緒に引く

表袖(裏)

③裏袖の袖口の長さと
同寸に縮める

表袖(表)

裏袖(裏)

④表袖と裏袖の袖口を
中表に縫う

表袖(裏)

⑥上側の粗ミシン糸を抜く

⑤縫い代を割る

裏袖(裏)

⑦表袖と裏袖の袖下を続けて縫い、縫い代を割る

表袖(裏)

裏袖(裏)

裏袖(表)

⑧表に返して外表に整える

袖下

表袖(表)

裏袖(表)

⑨袖ぐりから引き出すようにして衿ぐりを中表に縫い、表に返して整える

裏袖(表)

0.5

⑩外表に合わせて仮どめ

表袖(表)

出来上り寸法

7号=ウエスト62cm／ヒップ88cm／スカート丈（前中心）103cm
9号=ウエスト66cm／ヒップ92cm／スカート丈（前中心）103cm
11号=ウエスト70cm／ヒップ96cm／スカート丈（前中心）103cm
13号=ウエスト74cm／ヒップ100cm／スカート丈（前中心）103cm

パターン（4面）

E前スカート　E後ろスカート　E前ウエスト見返し
E後ろウエスト見返し　E後ろまち

材料

表布（リネン）…145cm幅2m
裏布（薄手木綿）…110cm幅7・9号1m80cm／11・13号1m90cm
接着芯…110cm幅20cm
接着テープ…1.2cm幅60cm
コンシールファスナー…56cm1本
スプリングホック…1組み

作り方のポイント

後ろまちを除いた部分に裏布をつけて仕立てます。

裁ち方のポイント

裏布は表布のパターンを使って裁ちます。前、後ろスカートともウエストでは
見返し分を4cmカットして、1cmの縫い代をつけて裁ち、ウエストのダーツ分は
タックにします。裾は表布より3.5cm短くし、2cmの縫い代をつけて裁ちます。

下準備

・前後とも表スカートのウエスト部分、ウエスト見返しの裏面に接着芯をはる。
・表後ろスカートのファスナーつけ位置の縫い代裏面に接着テープをはる。
・表スカートの後ろ中心、脇、後ろまちの両サイドの縫い代にロックミシン
　（またはジグザグミシン）をかける。

縫い方順序

1　前後ともダーツを縫う。→p.69
2　表スカートの後ろ中心を縫い、コンシールファスナーをつける。
　　→p.70　ただし後ろ中心はまちつけ止りで縫い止める。
3　表スカートの後ろ中心にまちをつける。→図
4　表スカートの脇を縫う。→p.70
5　表スカートの裾の始末をする。→p.71
6　裏スカートを縫い合わせる。→図
7　表、裏スカートのウエストを縫い合わせる。→p.71
8　裏スカートのあき、まちつけ位置をまつる。→図
9　スプリングホックをつける。→p.71

裁合せ図

＊指定以外の縫い代は1cm
＊▨接着芯・接着テープをはる位置

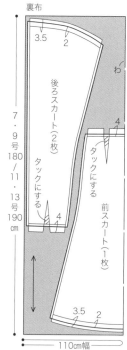

表布

後ろまち（1枚）
前ウエスト見返し（1枚）
わ
5
後ろスカート（2枚）
前スカート（1枚）
200cm
2
5
後ろウエスト見返し（2枚）
145cm幅

裏布

3.5　2
わ
後ろスカート（2枚）
タックにする
7・9号180／11・13号190cm
4
タックにする
前スカート（1枚）
タックにする
4
3.5　2
110cm幅

縫い方順序

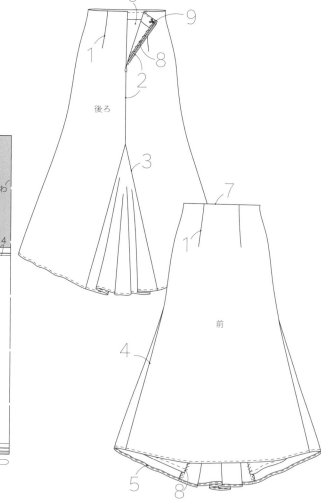

後ろ
6
9
1
8
2
3
7
前
1
4
5
8

3. 表スカートの後ろ中心に後ろまちをつける

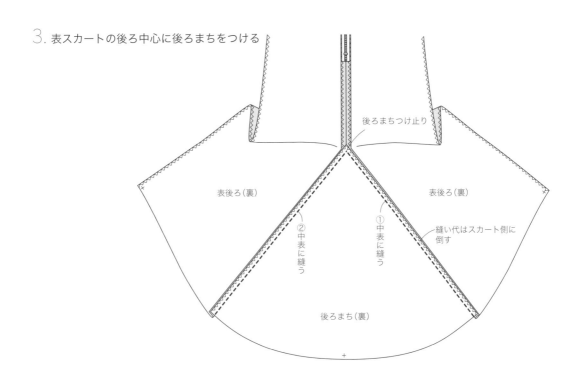

後ろまちつけ止り

表後ろ（裏）　　　　　　　表後ろ（裏）

②中表に縫う

①中表に縫う

縫い代はスカート側に倒す

後ろまち（裏）

6. 裏スカートを縫い合わせる

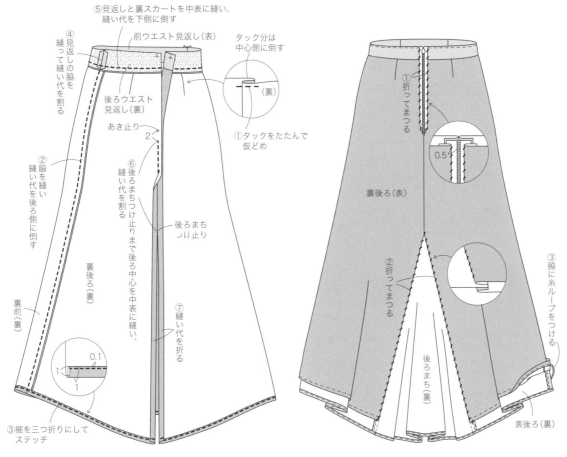

⑤見返しと裏スカートを中表に縫い、縫い代を下側に倒す

前ウエスト見返し（表）

タック分は中心側に倒す

④見返しを縫って縫い代を割る

後ろウエスト見返し（裏）

あき止り

②脇を縫い縫い代を後ろ側に倒す

（裏）

①タックをたたんで仮どめ

⑥後ろまちつけ止りまで後ろ中心を中表に縫い、縫い代を割る

後ろまちつけ止り

⑦縫い代を折る

裏前（裏）　　裏後ろ（裏）

0.1
1　　1

③裾を三つ折りにしてステッチ

8. 裏スカートのあき、後ろまちつけ位置をまつる

①折ってまつる

裏後ろ（表）

0.5

②折ってまつる

③脇に糸ループをつける

後ろまち（裏）

表後ろ（裏）

出来上り寸法

身長100cm用=バスト58cm／ウエスト57cm／着丈（後ろ肩から）56cm
身長110cm用=バスト62cm／ウエスト61cm／着丈（後ろ肩から）66cm
身長120cm用=バスト66cm／ウエスト65cm／着丈（後ろ肩から）76cm
＊作品は110cm用

パターン（4面）

F前身頃　F後ろ身頃

＊前・後ろスカート、オーバースカート、
　ボーは製図の寸法でパターンを作る。

材料

表布A（リネン）…145cm幅30cm
表布B（リネン）…300cm幅100・110cm用50cm／120cm用60cm
裏布（薄手木綿）…110cm幅100cm用80cm／110cm用1m／
　120cm用1m40cm
接着芯…110cm幅30cm
接着テープ…1.2cm幅30cm
レース…3.3cm幅70cm
コンシールファスナー…100・110cm用22cm1本／120cm用56cm1本
スプリングホック…1組み

作り方のポイント

スカートは薄手木綿（裏布）のスカートにリネン（表布B）のオーバースカート
を重ね、2重にして仕立てます。

下準備

・表前、表後ろ身頃の裏面に接着芯をはる。
・裏布の後ろスカートのファスナーつけ位置の縫い代裏面に接着テープをはる。
・スカートの後ろ中心、オーバースカートの後ろ中心の縫い代にロックミシン
　（またはジグザグミシン）をかける。

縫い方順序

1　肩を縫う。→p.49
2　衿ぐりを縫う。→図
3　袖ぐりを縫う。→p.50
4　表、裏身頃の脇を続けて縫う。→p.50
5　スカートの後ろ中心を縫う。→p.50
6　スカートの脇を縫う。縫い代は2枚一緒にロックミシンで始末して
　　後ろ側に倒す。
7　スカートの裾を1cm幅の三つ折りにしてステッチをかける。
8　オーバースカートの後ろ中心を縫う。→p.59
9　オーバースカートの裾を1cm幅の三つ折りにしてステッチをかける。
10　スカート、オーバースカートのウエストにギャザーを寄せる。→図
11　ウエストを縫い合わせる。→p.51
12　オーバースカートをよけてコンシールファスナーをつける。
　　コンシールファスナーのつけ方は→p.51,52
13　裏身頃の後ろ中心、ウエストをまつる。→p.52
14　ボーを作ってつける。→図
15　ウエストにレースをまつりつける。
16　スプリングホックをつける。→p.52

裁合せ図

＊指定以外の縫い代は1cm
＊ ▨ 接着芯・接着テープを
　　はる位置

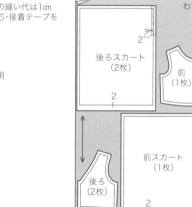

＊120用は配置が変わるので140cmの範囲で
　パターンの置き方を変えてください

製図

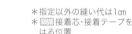

＊3サイズの寸法は上から100、110、120cm用
　寸法が1つのものは3サイズ共通

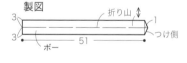

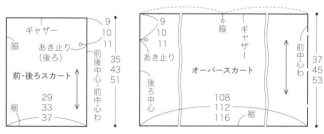

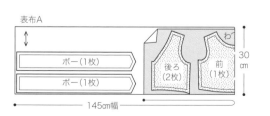

縫い方順序

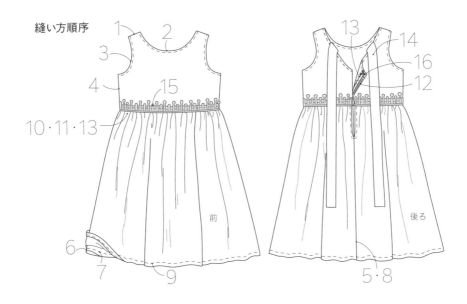

1　2
3
4
15
10・11・13
前

6
7
9

13
14
16
12
後ろ
5・8

2. 衿ぐりを縫う

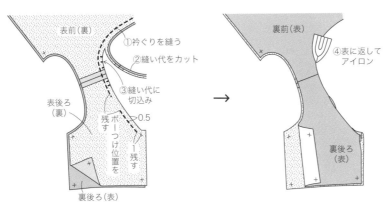

表前(裏)
①衿ぐりを縫う
②縫い代をカット
③縫い代に切込み
残す
ボーつけ位置を残す
0.5
1残す
表後ろ(裏)
裏後ろ(表)

裏前(表)
④表に返してアイロン
裏後ろ(表)

10. スカート、オーバースカートのウエストにギャザーを寄せる

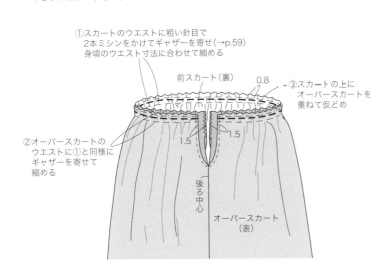

①スカートのウエストに粗い針目で
2本ミシンをかけてギャザーを寄せ(→p.59)
身頃のウエスト寸法に合わせて縮める

前スカート(裏)　0.8
③スカートの上にオーバースカートを重ねて仮どめ

②オーバースカートのウエストに①と同様にギャザーを寄せて縮める

1.5　1.5

後ろ中心
オーバースカート(表)

＊下側の粗ミシンの糸はウエストを縫い合わせた後で抜く

14. ボーを作ってつける

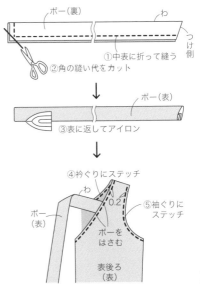

ボー(裏)
わ
つけ側
①中表に折って縫う
②角の縫い代をカット

ボー(表)
③表に返してアイロン

④衿ぐりにステッチ
わ
0.2
⑤袖ぐりにステッチ
ボー(表)
ボーをはさむ
表後ろ(表)

79

出来上り寸法

7号＝バスト108cm／着丈109.5cm／ゆき丈約60cm
9号＝バスト112cm／着丈109.5cm／ゆき丈約61cm
11号＝バスト116cm／着丈110.5cm／ゆき丈約62cm
12号＝バスト120cm／着丈110.5cm／ゆき丈約63cm

パターン（2面）

G前身頃　G後ろ身頃　G前ウエスト切替え布
G後ろウエスト切替え布　G袖　G前・後ろスカート

材料

表布（リネンプリント）…145cm幅7・9号2m50cm／11・13号2m60cm
接着芯…110cm幅40cm
接着テープ…1.2cm幅70cm
コンシールファスナー…56cm1本
バイアステープ（両折りタイプ）…1.1cm幅2m40cm
ゴムテープ　0.8cm幅（8コール）
　衿ぐり用…7号73cm／9号77cm／11号81cm／13号85cm
　袖口用…7号30cm2本／9号32cm2本／11号34cm2本／13号36cm2本

裁ち方のポイント

作品のように方向のある柄の場合は、
各パーツのパターンを一方向に配置して布を裁ちます。

下準備

・前、後ろのウエスト切替え布の裏面に接着芯をはる。
・前、後ろ身頃の左脇と前、後ろスカートの左脇のファスナー
　つけ位置の縫い代裏面に、接着テープをはる。
・前、後ろ身頃の脇と前、後ろスカートの脇縫い代にロックミシン
　（またはジグザグミシン）をかける。

縫い方順序

1　身頃の右脇を縫う。縫い代は割る。
2　ウエスト切替え布の右脇を縫う。→図
3　スカートの右脇を縫う。縫い代は割る。
4　表ウエスト切替え布をつける。→図
5　左脇をあき止りから裾まで縫い、コンシールファスナーをつ
　ける。　コンシールファスナーのつけ方は→p.51
6　裾の縫い代を3cm幅の三つ折りにしてステッチをかける。
7　裏ウエスト切替え布をつける。→図
8　袖を作る。→図
9　袖をつける。→p.83
10　衿ぐりをバイアステープで縫い返す。縫い方は袖口を同じ。
11　衿ぐり、袖口にゴムテープを通す。衿ぐり、袖ぐりとも材料で
　示した長さのゴムテープを通し、ゴムテープの端は2cm重ね
　て縫いとめ、ギャザーを均一に整える。

裁合せ図

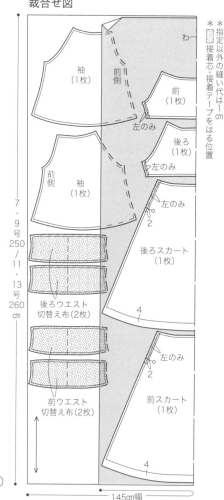

縫い方順序

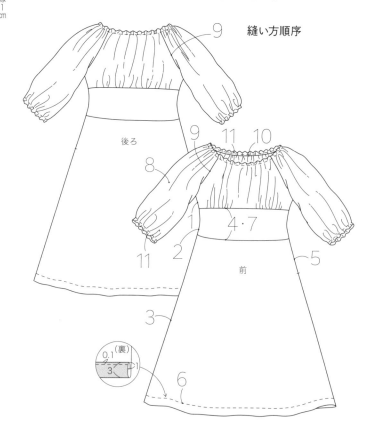

2. ウエスト切替え布の右脇を縫う

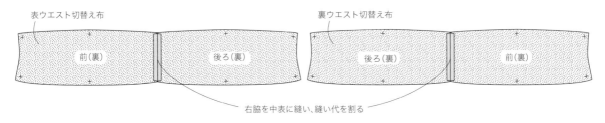

表ウエスト切替え布

前(裏)　　後ろ(裏)

裏ウエスト切替え布

後ろ(裏)　　前(裏)

右脇を中表に縫い、縫い代を割る

4. 表ウエスト切替え布をつける

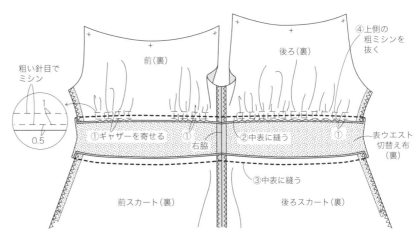

④上側の粗ミシンを抜く

前(裏)　　後ろ(裏)

粗い針目でミシン

1
0.5

①ギャザーを寄せる　　②中表に縫う　　①

右脇

③中表に縫う

表ウエスト切替え布(裏)

前スカート(裏)　　後ろスカート(裏)

7. 裏ウエスト切替え布をつける

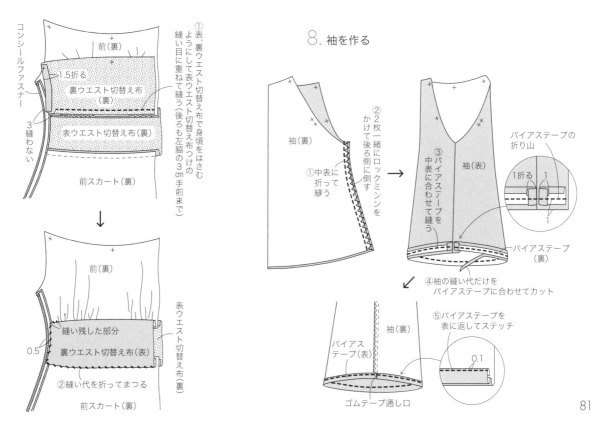

コンシールファスナー

前(裏)

1.5折る

裏ウエスト切替え布(裏)

3縫わない

表ウエスト切替え布(裏)

前スカート(裏)

①表、裏ウエスト切替え布で身頃をはさむようにして表ウエスト切替え布つけの縫い目に重ねて縫う(後ろも左脇の3㎝手前まで)

前(裏)

縫い残した部分

0.5

裏ウエスト切替え布(表)

②縫い代を折ってまつる

前スカート(裏)

表ウエスト切替え布(裏)

8. 袖を作る

袖(裏)

①中表に折って縫う

②2枚一緒にロックミシンをかけて後ろ側に倒す

③バイアステープを中表に合わせて縫う

袖(表)

バイアステープの折り山

1折る　1
1

バイアステープ(裏)

④袖の縫い代だけをバイアステープに合わせてカット

袖(裏)

バイアステープ(表)

⑤バイアステープを表に返してステッチ

0.1

ゴムテープ通し口

guest dress ボレロ

出来上り寸法

7号＝バスト106cm／着丈47.5cm／ゆき丈約74cm
9号＝バスト110cm／着丈47.5cm／ゆき丈約75cm
11号＝バスト114cm／着丈48.5cm／ゆき丈約76cm
13号＝バスト118cm／着丈48.5cm／ゆき丈約77cm
＊ゆき丈は、ひもでギャザーを寄せる前の寸法

パターン（3面）

｜前身頃　｜後ろ身頃　｜衿　｜袖

＊ひもは裁合せ図の寸法で直接布を裁つ

材料

表布（リネン）…150cm幅7・9・11号1m10cm／13号1m20cm

作り方のポイント

衿つけ縫い代の間にひもを通し、そのひもを絞って
衿ぐりにギャザーを寄せます。

縫い方順序

1 前端を縫う。→図

2 脇を縫う。縫い代は2枚一緒にロックミシン
　（またはジグザグミシン）で始末し、後ろ側に倒す。

3 裾の縫い代を1cm幅の三つ折りにしてステッチをかける。

4 袖を作る。→図

5 袖をつける。→図

6 衿を作ってつける。→図

7 ひもを作って衿ぐりに通す。ひもは3cm幅をアイロンで四つ
　折りにしてステッチで押さえ、衿ぐりの縫い代の間に通す。

裁合せ図

＊指定以外の縫い代は1cm

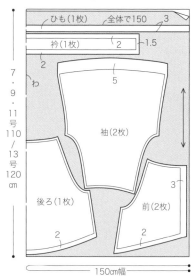

縫い方順序

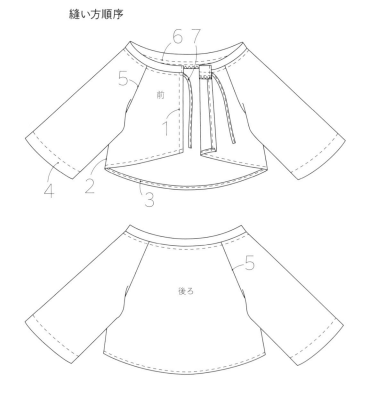

1. 前端を縫う

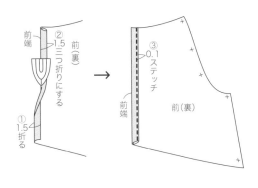

前端
② 1.5 三つ折りにする
前（裏）
① 1.5 折る

→

③ 0.1 ステッチ
前端
前（裏）

4. 袖を作る

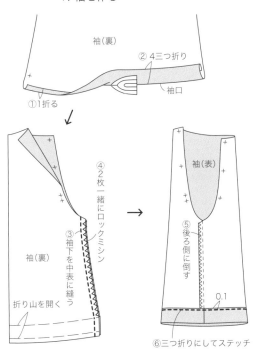

袖（裏）
② 4三つ折り
袖口
① 1折る

袖（裏）
③袖下を中表に縫う
④2枚一緒にロックミシン
折り山を開く

→

袖（表）
⑤後ろ側に倒す
0.1
⑥三つ折りにしてステッチ

5. 袖をつける

②縫い代に2枚一緒にロックミシンをかけ袖側に倒す
①身頃の袖ぐりに袖を中表に合わせて縫う
袖（裏）
後ろ（裏）
前（裏）
袖（表）

6. 衿を作ってつける

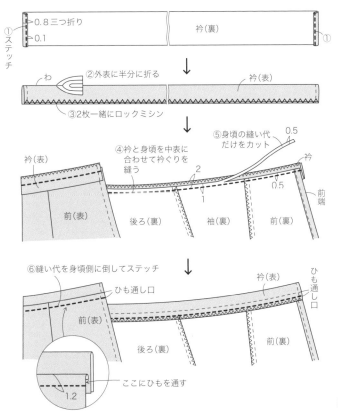

①ステッチ
0.8 三つ折り
0.1
衿（裏）
①

↓

わ
②外表に半分に折る
衿（表）
③2枚一緒にロックミシン

↓

④衿と身頃を中表に合わせて衿ぐりを縫う
⑤身頃の縫い代だけをカット
0.5
衿（表）
2
1
0.5
衿
前端
前（表）
後ろ（裏）
袖（裏）
前（裏）

↓

⑥縫い代を身頃側に倒してステッチ
ひも通し口
前（表）
後ろ（裏）
衿（表）
ひも通し口
前（裏）
1.2
ここにひもを通す

出来上り寸法

7号＝バスト92cm／着丈（後ろ肩から）約122.5cm
9号＝バスト96cm／着丈（後ろ肩から）約122.5cm
11号＝バスト100cm／着丈（後ろ肩から）約124cm
13号＝バスト104cm／着丈（後ろ肩から）約124cm

パターン（2面）

H前身頃　H後ろ身頃　G前ウエスト切替え布
G後ろウエスト切替え布
G前・後ろスカート
＊裾フリルは製図の寸法でパターンを作る。

材料

表布（リトアニアリネン）…150cm幅2m90cm
裏布（薄手木綿）（スカート用）…
　　110cm幅1m10cm
接着芯…110cm幅40cm
接着テープ…1.2cm幅適宜
コンシールファスナー…56cm1本
スプリングホック…1組み

作り方のポイント

身頃とウエスト切替え布の裏布には表布を、
スカートの裏布には薄手木綿を使います。
また裏スカートのウエストはギャザー分を
タックに変えて仕立てます。

下準備

・前、後ろのウエスト切替え布の裏面に接着芯をはる。
・前、後ろ身頃の衿ぐりと袖ぐりと1枚の前後身頃の左
　脇の縫い代、前、後ろスカートの左脇のファスナーつ
　け位置の縫い代裏面に接着テープをはる。身頃は左
　脇に接着テープをはったほうを表身頃にする。
・前、後ろスカートの脇、裾フリルの短辺の縫い代にロ
　ックミシン（またはジグザグミシン）をかける。

縫い方順序

1　身頃のダーツを縫う。後ろ身頃のウエスト
　ダーツは縫い代を後ろ中心側へ、前身頃
　の袖ぐりダーツは縫い代を上側に倒す。
2　肩を縫う。→p.49
3　衿ぐりを縫う。→図
4　袖ぐりを縫う。→図
5　表、裏身頃の右脇を続けて縫う。→p.51
　ただし左脇は縫わない。
6　ウエスト切替え布の右脇を縫う。→p.81
7　表スカートの右脇を縫い、縫い代を割る。
8　表ウエスト切替え布をつける。→p.81
　ただし裏身頃をよけ、表スカートのウエスト
　にもギャザーを寄せて表身頃、表スカート
　と表ウエスト切替え布を縫い合わせる。

9　表スカートの左脇をあき止りから裾まで
　縫い、コンシールファスナーをつける。
　コンシールファスナーのつけ方は→p.51
10　裾フリルを縫う。→図
11　裾フリルをつける。裾フリルにギャザー
　を寄せ、表スカートの下端に中表に合わ
　せて縫う。縫い代は2枚一緒にロックミシ
　ンで始末し、スカート側に倒してステ
　ッチをかける。
12　裏スカートを縫い、裏ウエスト切替え布
　をつける。→図
13　裏身頃と裏ウエスト切替え布を縫い合
　わせる。→図
14　裏の左脇あきをまつる。→図
15　左脇にスプリングホックをつ
　ける。→p.52　ただし前身頃
　にかぎ側を、後ろ身頃に受け
　側をつける。

製図

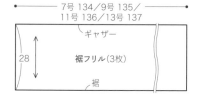

7号 134／9号 135／
11号 136／13号 137

28

ギャザー
裾フリル（3枚）
裾

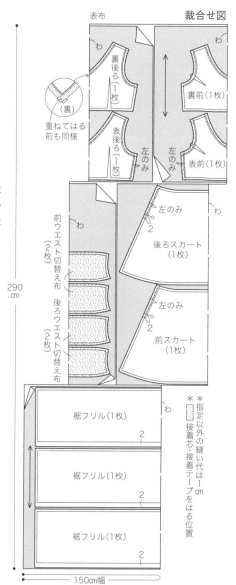

表布　　　　裁合せ図

重ねてはる
前も同様

（裏）

裏後ろ（1枚）

裏前（1枚）

表後ろ（1枚）

左のみ

左のみ

表前（1枚）

前ウエスト切替え布（2枚）

後ろウエスト切替え布（2枚）

左のみ
2

左のみ
2

後ろスカート（1枚）

前スカート（1枚）

290cm

裾フリル（1枚）
2

裾フリル（1枚）
2

裾フリル（1枚）
2

150cm幅

＊指定以外の縫い代は1cm
＊ 接着芯・接着テープをはる位置

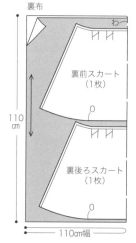

裏布

裏前スカート（1枚）
0

裏後ろスカート（1枚）
0

110cm

110cm幅

縫い方順序

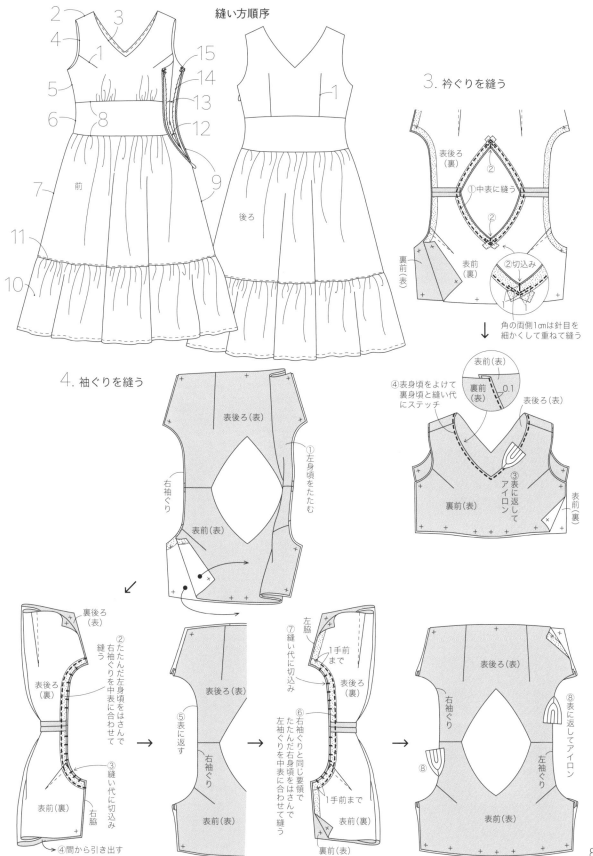

3. 衿ぐりを縫う

4. 袖ぐりを縫う

10. 裾フリルを縫う

裾フリル（表）　　　　　　0.5　1　　③粗い針目で2本ミシン

③中表に縫って
縫い代を割る

裾フリル（裏）

①

①

裾

0.1
1
1

②三つ折りにしてステッチ

④はぎ目の1か所を左脇に合わせ、
表スカートの下端の長さに合わせて
ギャザーを均一に寄せる

12. 裏スカートを縫い、裏ウエスト切替え布をつける

裏前ウエスト切替え布（表）

裏後ろウエスト切替え布
（裏）

④中表に縫って縫い代を
スカート側に倒す

裏後ろスカート（裏）

タック分は中心側に倒す　0.5

①タックをたたんで
仮どめ

裏前スカート
（表）

①

①

②脇を中表に縫って
縫い代を後ろに倒す

②

あき止り
2手前まで縫う

裏後ろスカート（裏）

1
1

③三つ折りにしてステッチ

14. 裏の左脇あきをまつる

袖ぐり　　縫い残した
　　　　　部分を縫う

裏後ろ（表）

表後ろ
（裏）

裏後ろ（表）

0.3

②折り込む

＊前側も同様

裏後ろ
（表）

裏前
（表）

③

③まつる

左脇

13. 裏身頃と裏ウエスト切替え布を縫い合わせる

①裏前身頃にギャザーを寄せ、裏身頃だけを
裏ウエスト切替え布と中表に合わせて縫う
（左の後ろ脇まで）

裏前スカート（裏）

裏前（表）

裏前ウエスト切替え布
（裏）

表前（裏）

左脇・コンシールファスナー

③縫わない

表前ウエスト切替え布
（裏）

表前スカート（裏）

②脇から3cmを残して、
4枚の縫い代だけを縫う（中とじ）

ring pillow リングピロー

出来上り寸法
本体の直径＝約13cm

材料
表布（リネン）（本体用）…35×20cm
レースA（リングを通すためのもの）…0.3cm幅30cm
レースB…11.5cm幅55cm
鳩のモチーフ…適宜（作品は大2枚、小4枚）
化繊わた…適宜

作り方のポイント
直径15cmの円形に裁った表布2枚の周囲を縫って表に返し、
わたを詰めてレースを飾ります。わたはパンパンに詰めます。

1. 布を裁つ

本体
15

2枚裁つ

2. 本体を縫う

中表
6～7
残す
1
本体（裏）
①縫う

→

わた
②表に返してわたを詰める
③返し口をまつる
本体（表）

＊わたはパンパンに詰める

3. 本体にレースAをつける

①本体の中心にレースAの中央をしっかり
とめる。このとき向こう側まで針を出して
しっかり糸を引き中心をくぼませる

本体
（表）

レースA

②鳩のモチーフ（小）の
中央を1針とめる

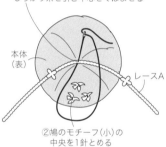

4. 本体にレースBをつける

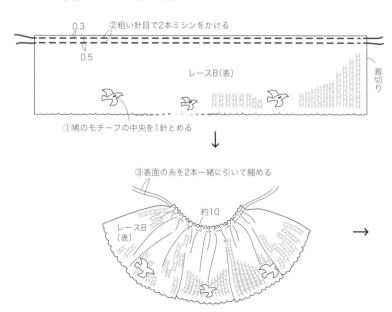

0.3
0.5
②粗い針目で2本ミシンをかける

レースB（表）

裁切り

①鳩のモチーフの中央を1針とめる

↓

③表面の糸を2本一緒に引いて縮める
約10
レースB
（表）

→

レースB（表）

本体（表）

④レースBを本体にまつりつける

香田あおい・こうだあおい

京都市生れ。京都市在住。
アパレルメーカー（デザイン・パターン）勤務を経てフリーランスに。
洋服、バッグ、生活雑貨などをリネン素材中心に作るソーイング教室
「LaLa Sewing」を主宰。アパレルの合理的な縫製技術と独自のア
イディアにより、簡単で楽しいソーイングを伝授している。2021年
にソーイング教室とファブリックなどのオンラインショップを併設し
ている「LaLa Sewing été」を再オープン。著書は『大人だから、
甘い服』（文化出版局）など多数。

ブックデザイン	天野美保子
撮影	有賀 傑
スタイリング	伊東朋惠
ヘア&メークアップ	KOMAKI
モデル	在原みゆ紀　カイノユウ　前田野バラ
作り方編集	百目鬼尚子
デジタルトレース	伊坂桃子
パターングレーディング	上野和博
パターン配置	近藤博子
作品製作協力	アトリエユーバン（宮崎教子　大崎由美）　中西直美
校閲	向井雅子
編集	宮﨑由紀子
	大沢洋子（文化出版局）

上質なリネンで作る
ウェディングドレス&ゲストドレス

2021年5月2日　第1刷発行

著　者　香田あおい
発行者　濱田勝宏
発行所　学校法人文化学園 文化出版局
　　　　〒151-8524 東京都渋谷区代々木3-22-1
　　　　tel.03-3299-2489（編集）　03-3299-2540（営業）
印刷・製本所　株式会社文化カラー印刷

〈布地　材料提供〉
the linen bird　（リネンバード）
tel. 03-5797-5517　https://linenbird.com/
作品：p.4 (pattern Ⅰ 基本のワンピース)
　　　p.6 (大きなボーのオーバースカート)
　　　p.8 (レースをつけたオーバースカート)
　　　p.10 (スカラップのワンピースの本体)　p.14 (ペプラム)
　　　p.18 (pattern Ⅱタイトスリーブのトップス+2重のスカート)
　　　p.22 (バルーンスリーブのトップス+トレーンを引くスカート)
　　　p.26 (flower girl 背中でボー結びをするワンピース)
　　　p.30 (guest dress ボレロ)　p.21 (リングピロー)

MOKUBA
tel. 03-3864-1408
作品：p.4 (ベールaの鳩のレースモチーフ)
　　　p.6 (オーバースカートのウエストと帽子のリボン)
　　　p.8 (ベールbの縁とりレース)
　　　　(オーバースカートのウエストリボンと飾りのレースA、B)
　　　p.14 (ペプラムのウエストのレース)
　　　p.21 (リングピローの飾りのレース)　p.23 (ベールcの裾のレース)
　　　p.26 (ワンピースのウエストの飾りのレース)

丸十
tel.092-281-1286　https://maru-10.net/
作品：p.10 (スカラップのワンピースのスカラップレース)
　　　p.28 (guest dress ペーズリープリントのワンピース)

Faux&Cachet ink.
tel. 06-6629-8218
https://www.fauxandcachetinc.com/
作品：p.30 (guest dress リトルブラックドレス)

LaLa Sewing été
tel.075-755-2342
http://www.lalasewing.com/
作品：p.20 (フレンチスリーブのトップス)

〈撮影協力〉
・お菓子製作
cototoko 辻野琴美

・wedding flower製作
atelier nennen 白藤真希
https://nennen.base.shop/
作品：p.6 (ブーケ　帽子の花飾り)
　　　p.20 (花かんむり)　p.23 (ベールcの花飾り)　p.26 (花かんむり)

AWABEES

TITLES

好評既刊

9784579117369

1925077020005

ISBN978-4-579-11736-9

C5077 ￥2000E

定価：本体2,000円（税別）